Charles LEROY

Notaire honoraire
Avocat

L'ABBAYE DU BEC

Propriétaire de la Baronnie du Hauzey

ET

Les Habitants de Saint-Pierre-du-Boscguerard

BRIONNE (EURE)

IMPRIMERIE PIERRE AMELOT

1927

———

L'ABBAYE DU BEC

PROPRIETAIRE DE LA BARONNIE DU HAUZEY

ET

LES HABITANTS DE SAINT-PIERRE-DU-BOSCGUERARD

———

DU MÊME AUTEUR

Tourville-la-Campagne et ses Seigneurs. Louviers, Izambert, 1898, in-8, 61 p. (*Epuisé*).

Essai sur la Collégiale de La Saussaye. Louviers, Izambert, 1899 in-8, 64 p. (*Epuisé*).

Le Gros-Theil pendant la Révolution Française (1789-1799). Le Neubourg, Bouvart, 1901, un vol. in-12, 225 p.

Le Droit de Chasse en France avant 1789. Le Neubourg, Bouvart, 1902, in-8, 21 p. (*Epuisé*).

La Famine à Tourville-la-Campagne en 1794-1795. Louviers, Izambert, 1903, in-8, 50 p. (*Epuisé*).

Notes sur le Bec-Thomas. Louviers, Izambert, 1904, in-8, 33 p. (*Epuisé*).

Paysans Normands au XVIII⁰ siècle. La vie rurale. Caen, Delesques, 1904, un vol. in-8, 131 p. (*Epuisé*).

Paysans Normands au XVIII⁰ siècle. La vie rurale. 2ᵉ édition (revue), Rouen, Cavé, 1912, un vol. in-8, 149 p.

La Fête du 14 Juillet à Amfreville-la-Campagne en 1790. Le Neubourg, Dumont, 1906, in-16, 7 p.

Charles LEROY

Notaire honoraire
Avocat

L'ABBAYE DU BEC

Propriétaire de la Baronnie du Hauzey

ET

Les Habitants de Saint-Pierre-du-Boscguerard

BRIONNE (Eure)

IMPRIMERIE PIERRE AMELOT

1927

L'Abbaye du Bec

Propriétaire de la Baronnie du Hauzey

ET

Les Habitants de Saint-Pierre-du-Boscguerard

I

« On a prétendu, dit M. le chanoine Porée, dans son Histoire de l'Abbaye du Bec(1), que le Normand est de nature chicanière et processive, et ce dire est, depuis longtemps, passé à l'état de proverbe, quoique beaucoup d'autres provinciaux, qu'ils soient de l'Auvergne, de la Picardie ou de l'Ile-de-France, n'aient pas grand chose à envier de ce côté aux normands. Cependant, il faut bien avouer que l'Histoire des Abbayes de la province de Rouen ne dément pas absolument le dicton qui concerne les normands du moyen âge. »

De quelque côté que le vent vente
L'Abbaye du Bec a rente

disait-on, il n'est donc pas surprenant que les moines du Bec-Hellouin aient eu, à maintes reprises, des procès avec leurs voisins ou leurs vassaux; les pièces d'un dossier assez complet nous permettent de retracer les phases d'un litige qui, pendant de longues années, mit aux prises les habitants de la petite paroisse de Saint-Pierre-du-Boscguérard, au diocèse d'Evreux (2), et les abbés, prieurs et religieux de l'abbaye de Notre-Dame du Bec-Hellouin, ordre de Saint Benoist, congrégation de Saint Maur, propriétaires de la Baronnie du Hauzey, assise en cette paroisse.

II

Dès la seconde moitié du XI° siècle, l'abbaye du Bec-Hellouin possédait de vastes domaines à Saint-Pierre-du-Boscguérard. Hugues de Bolbec lui avait donné la moitié de la Moute de Boscguérard « dimidiam moltam de Bosco Girardi ». Hugues de Gournay et son fils Gérard lui avaient abandonné leur domaine situé au même lieu, à l'exception du Bois Ramier et du Bois qui se trouvait près de la maison de Raoul « dominium suum in eadem villa, exempto bosco qui dicitur Ramerius et bosco sub domo Radulfi ».

Ces donations furent confirmées par Guillaume le Conquérant dans une charte donnée à Londres vers 1077, en présence notamment de Lanfranc, archevêque de Canterbury, Odon, évêque de Bayeux, Guillaume de Breteuil et Guillaume de Tournebu (3).

Une charte de Henri II d'Angleterre fait aussi mention du Manoir de Bosc-Guérard et de ses dépendances données à l'abbaye du Bec par Girard de Gournay: « Ex dono Girardi de Gornaio et

---

(1) Tome I page 589.
(2) D'après la Géographie de Dumoulin, Ed. de 1764, Saint-Pierre-du-Boscguerard comptait 120 feux.

(3) Bibl. nat. Lat. 13905 fol. 105, Lat 12884 fol. 85. Chanoine Porée, Histoire de l'abbaye du Bec, I p. 330, 337, 645.

Basiliæ, matris suæ, manerium de Bosco Girardi cum omnibus pertinentibus» (1)

Une autre charte du même roi rappelle le don du Bosc Guérard fait par Hugues de Gournay. « De dono Hugonis de Gornay, Boscum Girardi » (2).

En 1208, Geoffroy du Francboisier se désiste en faveur des religieux du Bec de ses prétentions sur les communes Pâtures des Hautes-Terres à Saint-Pierre-du-Boscguerard: « de communia habenda in pasturagio eorum apud Altas Terras » (3).

En 1235, Richard d'Harcourt cède à l'abbaye du Bec 52 acres 16 perches de terre (4), aux Hautes-Terres près Bosc-Guérard, exempte de toutes coutumes, avec 63 sols de rente sur la Prévôté de Brionne. L'abbaye abandonne en contre échange le manoir du Hamel à Livarot et la terre de Mesnil Germain sauf le patronage de l'église (5).

Gauthier le Bouchier et sa femme Héloïse vendirent à l'abbaye du Bec, ce qu'ils possédaient aux Hautes-Terres « apud Altas Terras » entre la terre du seigneur feu Richard d'Harcourt et les Marleiz (6).

En 1253, Robert le Meniant, clerc, vend au Chambrier du Bec 2 acres de terre au Bosc-Guérard moyennant 8 livres tournois (7).

De 1255 à 1321, en dehors des dons qu'elle recueillit, l'abbaye du Bec fit au Bosc-Guérard 30 acquisitions à titre onéreux (8).

A la fin du XV° siècle, les possessions de l'abbaye du Bec sur la paroisse de Saint-Pierre-du-Boscguerard, comprises sous le nom de Baronnie du Hauzey s'étendent depuis les confins de Tourville-la-Campagne jusqu'à l'Eglise de Boscherville, et les religieux peuvent le 9 octobre 1493, distraire de leur domaine 102 acres et demie, ou environ de terre à prendre dans une plus grande pièce sise aux Hautes-Terres qu'ils donnent à fieffe à Henry de Bardouil, moyennant une redevance annuelle de 20 livres tournois, un chapon et 20 œufs (9).

Le 4 novembre 1500, l'abbaye du Bec afferme les champarts et pâturages qu'elle possède sur la paroisse de Saint-Pierre-du-Boscguerard moyennant 18 livres 10 sols tournois l'an et 12 sols de vin.

En 1523, Raoul du Bec, Robert et Gilles du Fay cèdent à l'abbaye du Bec certaines terres qu'ils possèdent à Saint-Pierre-du-Boscguerard et qu'ils tiennent à fieffe de Guillaume du Breuil, chevalier.

Cette cession est aussitôt confirmée par Guillaume du Breuil et Jean d'Harcourt (10).

Le 8 août 1530, les religieux du Bec afferment le manoir et les terres du Hauzey avec les maisons, confins, terres labourables et non labourables, pâturages et jardins en dépendant..

Le 30 avril 1534, les champarts et pâturages possédés par l'abbaye du Bec à Saint-Pierre-du-Boscguerard et Saint-Denys-du-Boscguerard sont affermés moyennant 15 livres tournois l'an.

Nous relevons des baux de même nature les 3 mars 1549, 28 avril 1563, en mai 1566 et le 22 avril 1578.

Le manoir et les terres du Hauzey font aussi l'objet d'un bail le 22 avril 1578.

Par acte notarié du 29 décembre 1595 Emeric de Vic, auquel le Roi avait donné l'abbaye du Bec à la charge notamment de servir une pension de 1200 écus à Jean de la Cour, seigneur de Saint-Martin, cède à celui-ci, en échange de cette pension, la jouissance de la Baronnie du Hauzey et divers autres héritages et dîmes, parmi lesquels les pâturages du Boscguerard, dépendant de cette baronnie.

En 1615 (19 juillet), Dominique de Vic, abbé du Bec-Hellouin donne à bail à Pierre Gaudoin, les Terre, Seigneurie et Baronnie du Hauzey, consistant en herbages, terres labourables, dîmes rentes seigneuriales, droits de justice et autres ; un bail semblable est consenti le 29 juillet 1623 (11).

---

(1) Le Prévost, Mémoires et notes pour servir à l'histoire du département de l'Eure, éd. Léopold Delisle et Louis Passy, I p. 235.

(2) Le Prévost, Mémoires et notes, I p. 236. On lit aussi dans les œuvres de Saint Anselme: « Eidem monastério dedit Hugo de Gornaco dimidiam moltam villæ quæ vocatur Bosci-Girardi, qued postea concessit uxor ejus et filius. Testes: Anfridus, monachus, Rodolfus filius Toraldi, Rogerius Cochelin et alli plures.»

(3) Le Prévost, Mémoires et notes, III p. 192.

(4) L'acre de St-Pierre-du-Boscguerard contenait 160 perches de 21 pieds à la perche soit 74 a. 40 ca.

(5) Bibl. not. Lat 12884 fol. 329, Lat. 13905 fol. 92. Inventaire des Titres du Bec p. 735. Chanoine Porée, Histoire de l'abbaye du Bec, I p. 563.

(6) Le Prévost, Mémoires et notes, III p. 192.

(7) Champillon et Caresme, Dict. de l'Eure, I p. 450.

(8) Chanoine Porée, Hist. de l'abbaye du Bec, I p. 561.

(9) D'après les Gages Plèges de 1688, la famille de Bardouil avait aliéné une partie de ces 102 acres et demie et n'en possédait plus que 42 acres ; elle était d'ailleurs propriétaire d'autres immeubles dans la même paroisse.

(10) Le Prévost, Mémoires et notes, III p. 192

(11) Documents particuliers.

Ajoutons qu'en 1695, l'abbaye du Bec construisit presque tout à neuf les bâti- de la Ferme du Hausey (1).

III

Depuis un temps immémorial, aux dire des habitants de Saint-Pierre-du-Boscguerard, la paroisse possédait et tenait à fieffe et hommage de l'Abbaye du Bec, pour la Baronnie du Hauzey, quatre terrains vagues en bruyère, joncs-marins et friche situés sur son territoire et consistant dans :

1° La « Bruyère des Hautes-Terres » ou du « Bosc Guérard » contenant en- viron 60 acres, joignant d'un côté les Bois de La Haye-du-Theil et des autres parts plusieurs.

2° La « Bruyère de Boscherville » ou « des Perrois », contenant environ 12 acres, joignant d'un côté le Baron de la Mésangère, d'autre côté un sieur Blan- chemin, d'un bout un chemin tendant à Elbeuf et d'autre bout les terres de la Ferme du Hauzey.

3° Le « Froc (2) du Vaudry » ou « Vaudril » contenant environ 2 acres, joignant d'un bout le chemin du Pont- Authou à Elbeuf et des autres parts le baron de la Mésangère ; ce froc était regardé comme une place publique ser- vant d'accès aux maisons du hameau du Vaudril. Ces maisons étaient dis- parues au milieu du XVII° siècle.

4° Le « Froc du Fay (3) » ou « Fy », contenant environ 2 acres totalement entouré de cours-masures édifiées de maisons d'habitations, traversé ou bor- né par plusieurs chemins ou sentes, tels que que le chemin du Neubourg au Bourgtheroulde, la sente de Saint- Georges-du-Theil (4) au Bourgtheroul- de, le chemin d'Elbeuf, etc.

Les habitants jouissaient paisible- ment de ces quatre terrains lorsqu'en 1644 les receveurs de l'abbaye du Bec invitèrent leur fermier du Hauzey à prendre possession de tous les pâtu- rages qui se trouvaient dans l'étendue de la baronnie.

Emus de cet évènement, inquiets sans doute de la précarité de leurs droits, ne possédant pas de titres réguliers, les habitants de Saint-Pierre-du-Bosc-

guérard résolurent d'asseoir leur pro- priété sur un acte solennel.

Le lundi 3 juin 1647, quarante trois habitants de la paroisse se présenté- rent au Gage Plège de la Baronnie du Hauzey, et, devant M° Pierre Vitcoq, sieur du Guay, licencié ès droit, bailli de Brionne et lieutenant général en la Haute Justice du Bec-Hellouin, du con- sentement de M° Robert Le Danois, pro- cureur fiscal de cette Haute Justice, rendirent aveu, tant pour eux que pour les autres habitants, des pâturages et bruyères dont ils jouissaient, à charge de payer « par chacun an au terme de Pasques 3 œufs ou 3 deniers au choix des religieux, avec relief et treizièmes». Cet aveu fut souscrit sans autre réserve de la part des officiers de la Haute Justice du Bec que celle du Blâme pen- dant le temps imparti par la coutume.

Les habitants de Saint-Pierre-du- Boscguerard se croyaient en pleine sé- curité quand au Gage Plège de 1662 ils reçurent injonction de produire leurs titres de propriété, avec défense, jusqu'à cette production, d'envoyer leurs bes- tiaux sur les dits pâturages.

Que se passa-t-il alors? il est assez difficile de le dire. Les habitants con- tinuèrent-ils à jouir de ces pâtures ? On peut le supposer.

En effet, obéissant à une assignation du 26 mars 1667, pour fournir à l'in- tendant de la Province la déclaration des « Communes » leur appartenant, et ce, en vue d'une taxe alors projetée, ils passèrent leur déclaration le 2 avril suivant.

L'abbaye du Bec fit contre cette dé- claration une protestation énergique et revendiqua la propriété de ces pâ- tures.

Les habitants de Saint-Pierre-du- Boscguerard eurent sans doute la crain- te de se voir retirer la jouissance de ces terrains, car, à la suite de démar- ches faites auprès des représentants de l'abbé du Bec, plusieurs d'entre eux crurent bon d'accepter une sorte de transaction.

Le 26 juin 1667, à l'issue de la grand' messe paroissiale, devant le curé de la paroisse, s'assemblèrent Pierre Claude Ballicorne, Charles et Pierre Allaín, Marin Grémont, Etienne Caritté, Michel Prévost, David et François Tassel, Ma- thieu Malet, Guillaume Girard, Jean Masquerel, Jean et Pierre Boisselier, Michel Lepic, Jacques Le Bailly, Sé- bastien Canu, Nicolas, Pierre et Jean Dufour, Laurent Delaquièze, Jean Au- ber, un autre Jean Auber, Guillaume Mallet, Pierre Durant, Thomas Sénécal, Pierre Caritté, Thomas Allain et autres,

---

(1) Chanoine Porée, Hist de l'abbaye du Bec, II p. 427. Inv. des Titres de l'abbaye du Bec, p. 687-693.
(2) Dans cette région le mot « Froc » si- gnifie carrefour ou place publique.
(3) Le Fay, du mot latin Fagus, hêtre.
(4) Le Gros-Theil.

tous paroissiens, habitants de la dite paroisse, lesquels, « après meure délibération et sans force ni contrainte donnèrent plein pouvoir et autorité » à Michel Prévost et François Tassel de passer bail à ferme pour le temps et espace de trente six années avec les révérends pères prieurs et religieux de Notre-Dame du Bec-Hellouin de quatre pièces de terre en nature de bruyères et pâtures appartenant à cette abbaye, à cause de la Baronnie du Hauzey « assises en la dite paroisse : la première contenant 30 acres ou environ nommée la Brière des Hautes-Terres, bournée d'un costé les bois de La Haye-du-Tail, d'autre costé plusieurs, d'un bout Robert Besnier, bourgeoys de Rouen, et d'autre bout plusieurs ; la deuxième contenant 6 ou 7 acres, nommée la Brière de Boscherville comme étant adjacente à l'église, bournée d'un costé plusieurs, d'autre costé le chemin tendant à Boissay (1), d'un bout M. Scott (2) et d'autre bout plusieurs ; la troisième pièce nommée le Vodry, contenant acre et demye ou environ, bournée d'un côté et d'un bout M. Scott, d'autre bout plusieurs ; la quatrième et dernière pièce nommée le Fy ou le Fay, contenant 2 acres ou environ de landes, et bournée de bouts et de costez du hameau du Fy, les quatre pièces telles qu'elles sont sans fourniture de mesure ni répétition ».

Les mandataires étaient autorisés à passer le bail moyennant un fermage annuel de trente livres tournois, sans autres charges.

Ce bail fut réalisé le 1er juillet 1667 devant Me Jean Le Bas, notaire et tabellion royal au Pont-Authou « Dom Louys Hochon, prieur, Dom Jean Darimont, célérier et Dom Adrien Paulmier, procureur, tous prestres religieux profès de l'abbaye du Bec-Hellouin baillèrent à longues années pour le temps et espace de trente six ans, à compter du jour de Pâques 1667 » aux paroissiens de Saint-Pierre-du-Boscguerard, ce qui fut accepté par Michel Prévost et François Tassel leurs «procureurs» les Pâturages et Bruyères dont nous venons de rappeler la désignation, moyennant un fermage annuel de 30 livres tournois payable chaque année en deux termes égaux les jour de Pâques et Saint-Michel.

Dans cet acte, les représentants des Paroissiens de Saint-Pierre-du-Bosc-

guerard reconnaissaient que ces Bruyères et Pâtures faisaient partie du domaine non fieffé de la Baronnie du Hauzey ; c'était, en somme, abandonner les droits de propriété qu'ils pouvaient avoir sur ces terrains.

Les habitants de Saint-Pierre-du-Boscguerard qui, tout d'abord, ne s'étaient peut-être pas rendu compte de la portée du contrat qu'ils avaient signé et de ses conséquences possibles, se ressaisirent et cherchèrent à en annuler les effets. Au mois d'octobre 1667, à la suite d'une déclaration faite en leur nom ils obtinrent de l'autorité administrative leur rétablissement dans la propriété de leurs « Communes », nonobstant tous contrats, transactions et autres actes contraires.

De leur côté, les religieux du Bec se virent réclamer une taxe à cause des Bruyères et Pâturages que l'on prétendait être rentrés dans leur domaine ; une ordonnance rendue le 15 avril 1679 par M. Le Blanc, intendant de la Généralité de Rouen, les déchargea de cette taxe.

Les habitants de Saint-Pierre-du-Boscguerard semblent avoir joui en paix des Pâtures pendant quelques années, sans qu'il leur fût absolument rien réclamé des fermages stipulés au bail du 1er juillet 1667. Ils pouvaient se croire à nouveau propriétaires de ces Pâtures lorsque le 3 février 1688 Charles Porée, huissier audiencier du Bailliage et Vicomté du Pont-Authou et du Pont-Audemer, exploitant par tout le royaume, résidant à Saint-Martin-du-Parc (3) se rendit à Saint-Pierre-du-Boscguerard. A la requête des religieux du Bec-Hellouin représentés par Charles Grémond, leur fermier et receveur de la Seigneurie du Hauzey, il fit commandement aux « Paroissiens et Habitants en général de la paroisse » de payer la somme de cent vingt livres pour quatre années des fermages stipulés au bail du 1er juillet 1667 et pratiqua une saisie sur partie des meubles, bestiaux et « levées » ou récoltes de Jean Masquerel, l'un d'eux.

Le 8 février 1688, le même huissier, en vertu d'une ordonnance de M. le vicomte du Pont-Audemer, à la requête de Jean Masquerel, qui prétendait avoir payé sa part des fermages réclamés, assignait en garantie devant le dit vicomte du Pont-Audemer, les ha-

---

(1) Boissey-le-Châtel.
(2) Guillaume Scott, conseiller secrétaire du Roy, seigneur de la Mésangère.

(3) Saint-Martin-du-Parc a été réuni en 1828 au Bec-Hellouin.

bitants de St-Pierre-du-Boscguerard, en la personne de Jacques Parmentier, Jean Aubert, Pierre Fournel, Charles Grémond, Pierre Ballicorne, Pierre Prévost et plusieurs autres trouvés à la sortie et issue de la grand'messe paroissiale.

Le 1ᵉʳ mars suivant, Jean Masquerel se présentait au Greffe des Affirmations du Pont-Audemer, faisait opposition à la saisie pratiquée sur ses biens et obtenait du Vicomte un sursis à l'exécution de cette saisie « les choses restant en estat. »

D'autre part, les habitants de St-Pierre-du-Boscguerard ne s'étant pas présentés, ni fait représenter, le Vicomte du Pont-Audemer et du Pont-Authou (Philippe Collet, conseiller du Roy) prononça défaut contre eux le 5 mars 1688, les condamna à garantir Jean Masquerel de tout recours et autorisa celui-ci à exiger des religieux du Bec la production de leurs titres de créance.

Cette décision fut signifiée aux habitants le 9 mars 1688 et l'affaire parait être restée en suspens pendant quelque temps.

Le 6 juillet 1691, sommation fut faite aux habitants de la paroisse, en la personne de Jacques Baulard, leur trésorier d'avoir à verser la somme de 93 livres 15 sols pour douze années d'arrérages de la rente qu'ils étaient obligés de payer au Domaine Royal à cause des « Terres, Pâtures et Communes, sises en la paroisse de Saint-Pierre-du-Boscguerard adjugées auxdits habitants par le « Commissaire du Roy » à charge de faire chaque année 16 sols 9 deniers de rente aux termes de Pâques et Saint-Michel. Cette somme n'ayant pas été immédiatement payée, Charles Lemaître, sergent royal en la Vicomté du Pont-Audemer, demeurant au Pont-Audemer, saisit les bestiaux dudit Jacques Baulard consistant en 5 vaches et 2 chevaux. La contribution fut acquittée peu après et mainlevée de la saisie fut donnée.

Le 9 décembre 1695, l'intendant de la Généralité de Rouen invita les habitants de Saint-Pierre-du-Boscguerard à nommer deux collecteurs pour répartir, au sol la livre de la taille, la somme de 87 livres 10 sols, et 8 livres 15 sols pour les deux sols pour livre « à quoy ils sont tenus pour le droit de nouvel acquêt dû à raison de leurs « Communes ». Les collecteurs furent nommés et les droits acquittés en partie suivant quittances des 18 juin en 10 novembre 1696, 2 janvier, 12 mars et 14 juin 1697. Le surplus fut payé les 11 juillet et 9 août 1697.

Les habitants pouvaient donc se considérer de rechef comme tranquilles possesseurs des « Communes » et ce ne fut pas sans surprise qu'ils virent, le 15 juillet 1697, les meubles de François Tassel saisis à la requête de Pierre Ballicorne, fermier et receveur de l'abbaye du Bec, pour garantir le payement de 240 livres montant de huit années des fermages résultant du bail du 1ᵉʳ juillet 1667.

Cette saisie les émut profondément, et, dès le 21 juillet 1697, « assemblés en état de commun, pour délibérer des affaires de la paroisse au sujet de certain adveu pour les Brières, rendu cy-devant aux révérends pères de l'abbaye du Bec », ils chargèrent le Sʳ Cacherat, sergent royal au Bourgtheroulde, de faire toutes diligences nécessaires. Cette délibération porte les signatures de : Pierre Hébert, Inoçant Lucas, Pierre Allain, François Lepic, Jean Allain, Etienne Carité, Jean Masquerel et Françoys Tassel, et les «marques» de Guillaume Le Bailly, Anthoine ....., Etienne Auber, Mari Tassel et Pierre Prévost.

Le 29 juillet, opposition à la saisie fut faite à la requête de François Tassel et l'on songea à résister aux prétentions des religieux du Bec.

Peu après, les habitants, assemblés à nouveau « en état de commun pour délibérer des affaires de la paroisse, sur l'avis qui leur a été donné que les révérends prieur et religieux de l'abbaye du Bec-Hellouin prétendoient se faire payer sur les habitants d'icelle paroisse 30 livres par an à cause des Brières qui appartiennent à la dite paroisse en commun de temps immémorial, suivant l'adveu rendu à la dite abbaye il y a plus de cinquante ans, pourquoy il n'est dû que 3 œufs ou 3 deniers par tous les habitants aux dits sieurs religieux, lesquels, au préjudice de la dite possession auroient fait un bail desdites Brières aux habitants de la dite paroisse par 30 livres par an que plusieurs desdits habitants auraient signé, attendu qu'ils n'avaient pu recouvrer ledit adveu qu'ils ont appris estre au chartrier de M. de la Mésangère. Pour avoir payement des quelles prétendues XXX livres par an, lesdits sieurs prieur et religieux auroient fait saisir les meubles de François Tassel, et, comme il est de l'advantage de tous les habitants de ladite paroisse de faire anéantir, casser et annuler ledit bail et d'y faire substituer ledit adveu qui a esté recouvré et qui fait connaître qu'il n'est deub à cause desdites Brières que 3 œufs ou trois deniers par la Communauté de ladite paroisse, Arrêtent qu'il sera fait, où besoin sera, toutes les procédures nécessaires pour faire casser ledit bail et obliger lesdits prieurs et religieux à rendre les deniers qu'ils auroient reçus, en conséquence, desdits habitants, au nom desquels sera pris des lettres de relèvement, attendu qu'il n'a esté fait que dans l'ignorance où ils estoient où estoit ledit adveu qui fait connoître la propriété des dites Brières à tous les habitants d'icelle paroisse en payant seulement 3 œufs ou 3 deniers par an, lesquels 3 œufs ou 3 deniers par an seront offerts aux sieurs Prieur et Religieux, et, au deffault par eux de les recevoir et de consentir que ledit adveu aura son plein et entier effet, les poursuivre par devant tous sieurs juges que besoin sera jusqu'à arrest définitif pour le faire ainsy ordonner, et que mainlevée sera par eux donnée à la saisie des meubles dudit Tassel. » Dans la même délibération tous pouvoirs sont donnés à François Tassel pour faire le nécessaire.

Le procès allait commencer.

IV

Le 21 juillet 1697, Pierre Tassel, syndic de la paroisse de Saint-Pierre-du-Boscguerard, fit signifier à Pierre Ballicorne, receveur de l'abbaye du Bec, l'aveu de 1647 avec assignation à comparaître devant le Vicomte du Pont-Audemer.

Le 26 juillet, les religieux du Bec déclarèrent prendre fait et cause pour Pierre Ballicorne, leur receveur, et se substituer à lui dans l'instance.

L'affaire devait être plaidée vers la fin de l'année, lorsque le 2 décembre 1697, les religieux assignèrent les habitants de St-Pierre-du-Boscguerard devant la Chambre des Requêtes du Palais de Rouen pour voir prononcer le dessaisissement de la juridiction ordinaire et renvoyer le litige devant le Grand Conseil du Roy à Paris, ainsi que les Religieux de la Congrégation de Saint-Maur étaient autorisés à le demander en vertu de décisions royales des 20 octobre 1616 et 1er août 1618.

Devant la Chambre des Requêtes du Palais de Rouen, les Religieux, après une longue procédure, obtinrent le dessaisissement sollicité par eux et l'affaire fut renvoyée devant le Grand Conseil du Roy où elle fut portée au rôle à la fin de l'année 1704.

Le 1er novembre 1704, les habitants de Saint-Pierre-du-Boscguerard, constituant le « Général de la Paroisse assemblés en état de commun », nommè-

rent pour leur procureur à l'effet de suivre l'instance devant le Grand Conseil du Roy Me Guillaume Scott, chevalier, seigneur et baron de la Mésangère, Gaillon, Boscherville, Saint-Pierre-du-Boscguerard et autres lieux, conseiller maître ordinaire à la Cour des Comptes, Aydes et Finances et Normandie.

Avant de retracer ce que fut le procès devant le Grand Conseil, nous rappellerons que, pendant l'instance devant la Chambre des Requêtes du Palais de Rouen, le 15 octobre 1702, Me Henry-François Lambert d'Herbigny, chevalier, marquis de Tiberville, conseiller du Roy en ses conseils, maître des Requêtes ordinaires de son hôtel, Intendant de Justice, Police et Finances en la Généralité de Rouen, invitait les Collecteurs et Habitants de la paroisse de Saint-Pierre-du-Boscguerard à payer, en exécution de la Déclaration du Roy du 9 mars 1700 et de celle du 16 juillet 1702, le droit de nouvel acquêt dû par les Communautés laïques du Royaume pour les Usages dont elles jouissaient, quelque ancienne qu'en fût la possession. Ce droit établi « sur le pied d'une année de revenu pour vingt années de jouissance, avec en plus deux sols pour livre » s'appliquait au temps couru depuis la déclaration du 5 juillet 1689 jusqu'au 1er janvier 1700 avec les 2 sols pour livre et aux années 1700 et 1701.

La Communauté de Saint-Pierre-du-Boscguerard était taxée à la somme de 52 livres 10 sols en principal, et, 5 sols 5 deniers pour les 2 sols pour livre, pour dix années et demie de jouissance depuis le 5 juillet 1689 jusqu'au premier janvier 1700 à cause du droit d'usage qu'elle avait sur 60 acres de terre situées en sa dite paroisse, estimées par M. d'Ormesson, ci-devant intendant de la Généralité de Rouen à la somme de 100 livres de revenu. La taxe pour les années 1700 et 1701 s'élevait à 10 livres, soit au total « y compris 30 sols pour la quittance de finances », 69 livres 5 sols.

Les Religieux du Bec, de leur côté, firent, le 23 février 1703, au Greffe du Premier Intendant de la Généralité de Rouen, une déclaration des biens aliénés par l'abbaye et dans la possession desquels ils prétendaient rentrer, puis, à la suite de cette déclaration, payèrent aux mains des commis de la Recette des Taxes des 6e et 8e deniers la somme de 75 livres 7 sols pour le retrait de 42 acres de Bruyères en trois pièces nommées les Bruyères des Hautes-Terres.

Les documents que nous avons entre les mains, et notamment un long mémoire déposé au Grand Conseil par les habitants de Saint-Pierre-du-Boscguerard, nous permettent de rappeler les moyens de preuve dont se servirent les parties en cause et les pièces sur lesqueles elles appuyèrent leurs revendications.

Les Religieux du Bec-Hellouin pour justifier de leurs droits de propriété sur les terrains litigieux produisent :

1° La convention intervenue avec Geoffroy du Francboisier en 1708.

2° Le contrat de fieffe à Henry de Bardouil du 9 octobre 1493.

3° La cession d'usufruit du 29 décembre 1595.

4° Les baux des 4 novembre 1500, 8 août 1530, 30 avril 1539, 3 mars 1549, 28 avril 1553, 8 avril 1563, mai 1566, 22 avril 1578, 19 juillet 1615 et 29 juillet 1623.

5° Les Gages Plèges de 1644 et 1662.

6° L'ordonnance de l'intendant de la Généralité de Rouen du 15 avril 1679.

7° Et surtout le bail consenti pour 36 années aux habitants de Saint-Pierre-du-Boscguerard le 1er juillet 1667 et le pouvoir ou certificat donné pour le souscrire.

Ils concluent au payement des fermages dus en vertu de ce dernier bail et au délaissement par les habitants de la jouissance des Patures et Bruyères en litige.

De leur côté, les habitants de Saint-Pierre-du-Boscguerard font d'abord remarquer que « les demandes respectives des parties n'ont qu'un mesme objet et ne dépendent que d'une seule question de propriété réciproquement prétendue de quatre pièces de terre en Brierre ; ce sont les « Communes » des habitans et elles sont nommées, savoir: la première la Brierre du Boscguerard, la seconde des Perrois, la troisième Le Vaudry et la quatrième le Froc du Fay; elles sont chargées envers les religieux de 3 œufs ou de 3 deniers, à leur choix, par indivis au terme de Pasques. Ils (les religieux) nomment au contraire, de leur part, la première de ces quatre pièces les Hautes-Terres, la seconde de Boscherville, laissant aux deux autres à peu près les noms qu'elles portent, et ils fondent principalement leurs prétentions sur un bail à longues années par eux fait à quelques habitans en 1667, comme si la propriété des « Communes » en question avait appartenu à leur abbaye, quoy qu'ils aient reconnu le contraire en recevant précédemment l'aveu de la Communauté des habitans comme la

propriété en appartenant à ces mesmes habitans sous le cens annuel de 3 œufs ou de 3 deniers. »

Et pour appuyer leurs revendications, les habitants invoquent:

I. Leur possession immémoriale justifiée par des aveux et des actes passés par différents particuliers et notamment:

1° Un aveu rendu aux Religieux et Abbé du Bec-Hellouin, baron du Hauzey, le 11 mai 1524 par François et Robert .... d'une pièce de terre contenant 3 acres et demye ou environ, tant en maison que terre labourable, assise au triage des Hautes-Terres, dans lequel il est dit qu'elles aboutissent des deux bouts à la « Commune ».

2° Un aveu rendu aux mêmes, le 4 novembre 1561 par Robert Besnier d'une pièce de terre « confrontée à la Commune ».

3° Un acte du 7 février 1580, contenant vente à Michel Lepic, d'une maison et de « plusieurs pièces d'héritage, par lequel il paroit, entre autres choses, en deux différents endroits, que la « Commune » y est donnée pour tenans et aboutissans ».

4° Un contrat de fieffe du 26 avril 1580 fait à François Carité de plusieurs pièces d'héritages dont l'une aboutit à la « Pasture commune du Boscguerard ».

5° Un aveu rendu le 15 septembre 1600 aux abbé et religieux du Bec-Hellouin par Isaac et Robert Besnier frères, d'une pièce de terre sise au triage des Hautes-Terres, joignant d'un bout la « Commune ».

6° Un autre aveu rendu aux mêmes, à cause de leur Seigneurie du Hauzey le 19 juillet 1606 par Robert Duval et dans lequel il est fait mention de diverses pièces de terre aboutissant également sur la « Commune ».

7° Un aveu rendu aux mêmes, le 27 septembre 1641 par Robert Besnier, d'une pièce de terre, appelée le Clos-de-Cinq-Acres, sise en la paroisse de Saint-Pierre-du-Boscguerard, au triage des Hautes-Terres « tenant d'un bout à la rue tendant à la Commune ».

8° Deux aveux rendus, le même jour, aux mêmes par Robert Besnier, en vertu d'une procuration du 7 juin 1630 « d'héritages y énoncés auxquels il donne pour confrontation, en deux endroits, la Commune ».

9° Divers aveux rendus par le baron de la Mésangère, Guillaume Langlois et Anne Petit, dont il est produit une copie collationnée du 23 juin 1650, et, dans lesquels la « Commune de Saint-

Pierre-du-Boscguerard » y est donnée pour « confrontation ».

II. L'aveu souscrit par 43 d'entre eux au Gage Plège du 3 juin 1647.

III. Le Gage Plège de la Baronnie du Hauzey pour 1658.

IV. La déclaration faite par les habitants de leurs « Communes » le 26 mars 1667.

V. L'ordonnance d'octobre 1667.

VI. Les déclarations relatives aux « Communes » faites en 1666, 1667, 1695.

VII. Les quittances des droits d'usages payés les 18 juin et 10 novembre 1696, 2 janvier, 12 mars, 14 juin, 11 juillet et 9 août 1697.

Le long mémoire produit par les habitants de Saint-Pierre-du-Boscguerard, nous fait connaître les arguments invoqués de part et d'autre. Nous les reproduisons, en en respectant les termes, sans suivre l'ordre de ce mémoire un peu confus et en les groupant autour de chacune des pièces produites.

Les Religieux du Bec basent l'origine de leurs droits sur la convention (vente ou donation) passée avec Geoffroy du Francboisier en 1208, dans laquelle il leur abandonnait ses droits dans leur pâturage des Hautes-Terres; ce pâturage se confondant, à leurs yeux avec la Bruyère des Hautes-Terres dont la propriété était contestée. Ils représentent de ce titre, à défaut de l'original, une copie faite par un notaire.

A cette production, les Habitants de Saint-Pierre-du-Boscguerard répondent:

« Les Religieux représentent une copie collationnée par un tabellion de la Justice du Bec-Hellouin, sans aucune partie appelée, d'un extrait d'une prétendue donation transcrite, dit-on, dans le Cartulaire des Religieux, par laquelle Geoffroy de Francboisier leur a donné ou vendu en 1208 le droit de commune qu'il avait avec eux « in pasturagio eorum apud altas terras. »

« Mais cette pièce n'est de nulle considération en la forme par ce que ce n'est qu'une copie d'une copie, qui ne fait, comme M⁰ Charles Du Moulin a montré sur le cinquième paragraphe de la Coutume de Paris, non plus de foy que « auditus de auditu »; car ce prétendu Cartulaire, qui n'est point rapporté, n'est qu'une copie faite par quelque religieux particulier d'actes présupposés faits au profit de l'abbaye. Ce Cartulaire n'est pas un registre qui contient les originaux des actes dont il parle; il ne contient que de simples copies et n'a de luy mesme,

nulle auctorité particulière ny aucun caractère de l'autorité publique. »

« En effet, la donation supposée de 1208 est un acte, émané de Geoffroy de Francboisier seul, qui est bien antérieur au prétendu Cartulaire qui est l'ouvrage d'un religieux sans pouvoir, et l'on ne trouve pas mesme au bas de la copie de copie qui est rapportée qu'il soit fait mention ny d'aucun témoin, ny d'aucune signature, ny d'aucun sceau apposé sur cette pièce par où on en pourrait découvrir la supposition (?), cette copie finissant ainsy: « his testibus », etc. En sorte que la pièce, mesme si elle estoit rapportée dans cette forme, ne seroit d'aucune considération ».

« Au fond, elle est très inutile aux produisants et se rétorque contre eux par la raison qu'il ne s'agit point icy (1) des pasturages qui pouvoient appartenir en commun tant à Geoffroy de Francboisier qu'aux Religieux du Bec-Hellouin « apud altas terras. »

« Ils voudroient bien, à la vérité, faire croire que la première des pièces en question appelée la Brierre du Boscguerard doit être nommée les Hautes-Terres, mais on leur nie formellement ce fait. Les Hautes-Terres ne sont point cette Brierre et ont leur situation ailleurs. »

« La Brierre du Boscguerard est située au triège des Hautes-Terres, mais les Religieux y ont plusieurs autres pièces de terre en brierre de plus grande contenance qu'ils ont fieffées ou dont ils ont disposé comme il leur voulu. »

« C'est pourquoy la prétendue donation ou vente de Geoffroy de Francboisier leur est, non seulement, encore un coup, inutile, mais elle rend même inutiles toutes les autres pièces rapportées pour appuyer celle-là, parce qu'elles se réfèrent, selon eux-mesmes, à la prétendue donation ou vente de 1208 qui n'a nulle application aux terres dont il s'agit. »

Les Religieux, dans un contredit, voulant induire de l'acte de 1208 « qu'il n'y avoit que le Seigneur du Francboisier, leur voisin, qui prétendit lors droit à leurs pasturages des Hautes-Terres et qu'ils avoient plusieurs autres pasturages », les Habitants de Saint-Pierre-du-Boscguerard leur répondent: « outre qu'on a déjà montré que ce prétendu acte est rapporté dans une forme qui ne fait nulle foy et qu'il est inutile, ne s'agissant point des Hautes-Terres, il n'y a rien dans cette pièce qui indi-

---

(1) Au procès.

que qu'il n'y eut que le Seigneur du Francboisier qui prétendit amener ses bestiaux dans les pasturages des Hautes-Terres, ny que les Religieux en eussent d'autres; il ne leur a donné en partie, ou vendu, que son droit; par conséquent, fausse induction dans toutes ces circonstances. »

En ce qui concerne le contrat de fieffe de 1493 de cent deux acres et demie de terre à prendre dans une plus grande pièce sise aux Hautes Terres, il ne peut, disent les Habitants de Saint-Pierre-du-Boscguerard s'appliquer aux terres en litige.

« Ce fait se confirme mesme par la description faite dans ce contrat de la chose aliénée, que le Manoir des Hautes-Terres souloit estre assis sur partie de ces 102 acres et demy, qu'ils sont contigus d'une part au surplus de la pièce appartenant aux Religieux vers le Bois de La Haye du Taye (1) et le clos aux Thierris, d'un bout à eux, les Terres des Bourbelières et plusieurs boutières. Car, outre que, comme on a déjà observé, la Brierre du Boscguerard en question n'est point les Hautes-Terres mentionnez au contrat de fieffe ci-dessus, il est certain que cette Brierre n'a nul des confins dont il est parlé dans ce contrat de fieffe de 1493, ne touchant de nul costé à aucunes terres des Religieux du Bec-Hellouin, ny à aucun des confins dudit contrat et qu'au contraire cette Brierre a pour principaux confins des chemins (conduisant) au Bourgtheroulde et au Fils (2) qui sont des limites immuables, exclusives de toute application aux Hautes-Terres qui ont leur situation ailleurs. »

Les Religieux arguant que la pièce fieffée de 102 acres et demie « estoit à prendre dans une pièce de plus de 300, dont il leur en reste 60 ou environ » qui constituent « la première des quatre pièces mentionnées dans le bail de 1667, en, induisent qu'ils doivent y estre maintenus sans contestation puisque les habitants ne prétendent rien aux Hautes-Terres et ils protestent contre les habitans pour les usurpations par eux supposées faites du surplus. »

« A quoy, répliquent les Habitants de Saint-Pierre-du-Boscguerard, la response est prompte qu'il ne paroit point, ny par le bail à fieffe de 1493, ny par nulle autre pièce que les 102 acres fussent à prendre dans une pièce de plus de 300, ny qu'il y ait eu nulle usurpation;

que tout ce qui est allégué la-dessus est d'ailleurs inutile ne s'agissant point des Hautes-Terres et que la première des quatre pièces dont il est véritablement question n'est point située aux Hautes-Terres. C'est la Grande Brierre de Boscguerard de la contenance de 57 acres qui est autre que la première pièce du prétendu bail de 1667 qui est marquée contenir 30 acres et porter le nom des Hautes-Terres sans que l'on puisse en tirer nulle induction (3). Les habitants font, au surplus, toutes protestations contraires à celles des Religieux : « et le mémoire ajoute : « S'ils possèdent 60 acres de Brières ou Pasturages aux Hautes-Terres, qu'ils les gardent et laissent jouir les Habitants de leurs Communes en paix ! »

Relativement aux baux faits par les Religieux au cours des années 1500, 1530, 1539, 1549, 1559 et 1566 et comprenant les « Camparts et Pasturages de Saint-Pierre-du-Boscguerard et St-Denis-du-Boscguerard en tant qu'il en appartient à l'Abbaye du Bec », les habitants prétendent qu'ils ne sauraient être invoqués et qu'il n'y a pas lieu d'en tenir compte.

« En effet, disent-ils, celui de 1530 ne concerne qu'une dépendance des Manoir et Terres du Hauzey. Dans les autres, il n'y a aucune désignation des Communes en question, ny rapport par aucune conformité ny de nom, ny de situation, ny de continence, ny de confins avec ces mesmes Communes appartenant aux habitans du Boscguerard. L'inutilité de tous ces baux résulte encore bien plus clairement de la limitation qui y est apportée. « En tant qu'il en appartient aux Religieux », y est-il dit. Cette limitation est exclusive de l'entière propriété par eux aujourd'hui prétendue: cette limitation justifie aussi qu'il y a d'autres personnes qu'eux qui ont des pasturages. »

Quant à l'observation faite par les Religieux que le terme de « Campart », employé dans tous ces baux, ne signifie point les redevances de ce nom, mais veut dire « pasturages », on ne saurait en faire état « puisqu'elle est étrangère aux Communes contentieuses, à moins de réduire leur prétention à la simple faculté d'y envoyer leurs bestiaux comme les autres habitans. »

« Au reste, leur explication n'est pas

---

(1) La Haye-du-Theil.
(2) Le Fy ou Fay, hameau de Saint-Pierre-du-Boscguerard.

(3) En marge du Mémoire, on lit: « Nota. — Qu'elle est située aux Hautes-Terres et est la même du bail de 1667. » Les parties adverses paraissent d'ailleurs vouloir jouer sur les mots; la Bruyère du Boscguerard était, en effet, située près du triage des Hautes-Terres.

juste parce que le terme de Pasturage aurait suffi si l'on avait voulu désigner la mesme chose par le mot Champart. Ce mot n'a été apposé que pour désigner ce qu'il signifie naturellement: une portion des gerbes qui se prennent sur le Champ par le Seigneur direct. »

Les baux du 22 avril 1578 concernent l'un « le Manoir et les Terres du Hauzey en la paroisse de Saint-Pierre-du-Boscguerard avec les maisons et confins, terres labourables et non labourables, pasturages et jardinages »; l'autre: « la dixme de Saint-Pierre-du-Boscguerard et les Champarts et pasturages desdits Saint-Pierre et Saint-Denis-du-Boscguerard, en tant qu'il en appartient aux Abbé et Religieux du Bec-Hellouin, lesquels Champarts et Pasturages de Saint-Denis-du-Boscguerard sont autres que ceux de Saint-Pierre » disent les Religieux.

« Mais, répliquent les Habitants, cette différence prétendue, qui ne s'accorde point avec la pièce produite, ne conduit à rien, quand on la supposeroit vraye, parce que les pasturages mentionnés dans le premier bail ne peuvent s'entendre que de quelques petites pastures contigües au jardin du manoir du Hauzey, et que les pasturages mentionnés dans l'autre bail n'ont aucune situation ny continence particulière qui soit désignée; en sorte que c'est une énumération sans nulle application aux quatre pièces de Brierre dont il s'agit. A quoy il faut ajouter que la mesme limitation « en tant qu'il en appartient à l'abbé et aux religieux » se trouvant apposée à ce bail comme aux précédents, ils n'en peuvent tirer aucune induction particulière quant aux pièces de Brierre dont il s'agit, auxquelles ils n'ont aucun droit de propriété particulière. »

« On ne sauroit non plus rien induire, disent les habitants, de l'acte de 1595 portant délaissement à vie notamment duction pour les quatre pièces de des pasturages du Boscguerard, dépendant de la Baronnie du Hauzey, affermés 10 livres, les quatre pièces de Brierre en litige n'étant point les pâturages dont il est parlé dans cet abandon fait pour la vie seulement d'un pensionnaire avec d'autres biens en payement de la pension que l'abbaye était tenue de lui faire. »

Quant au bail, fait en 1615, de la Baronnie du Hauzey, ainsi qu'elle a été adjugée aux Bailleurs par arrêt du Grand Conseil de la même année, « sans en rien excepter », c'est à tort que les Religieux en concluent que les pâturages sont compris dans ce bail, bien qu'il

n'en soit point fait mention. Au surplus « cette indication est indifférente, parce que, quand les pasturages y seroient exprimez, ce seroient toujours les pasturages du Hauzey dont il ne s'agit pas (au procès). »

« Cependant, ajoute le Mémoire des Habitants, il seroit bon que les Religieux rapportassent cet arrest (du Grand Conseil); ce seroit la pièce à produire par eux et non pas un bail qui y est relatif, car cet arrest ne peut pas estre intervenu, comme on le veut insinuer, à l'occasion du délaissement à vie de 1595 pour le payement d'une pension. Il faut que ce soit un arrêt de réunion à l'occasion de quelque aliénation pour subvention (?) dans lequel on pourroit trouver des éclaircissements contre la mauvaise prétention des Religieux, ainsy qu'il y a lieu de le présumer du défaut de représentation de cet arrest. »

Le bail de 1623 invoqué par les Religieux ne faisant nulle mention de « pasturages », est sans intérêt au procès.

Nous arrivons à l'examen du Bail du 1er juillet 1667 et à la délibération des paroissiens qui l'a précédé. Ce sont les pièces principales de l'argumentation des Religieux et celles que les Habitants combattent le plus énergiquement.

« La seule des pièces produites par les Religieux qui paroisse de quelque importance, c'est, dit le Mémoire des Habitants, un prétendu bail du dernier de Juin 1667 (1). Il a pour fondement un acte qualifié procuration, en date du 26 juin précédent, qui porte qu'à l'issue de la Grand'messe se sont arrestées devant le Curé les personnes qui sont ensuite nommées au nombre de 28, tous qualifiés paroissiens et habitans, lesquels, après une délibération, dit-on, ont donné pouvoir aux nommés Prévost et Tassel de prendre des Religieux du Bec-Hellouin le bail pour 36 années des quatre pièces de Brierres qui y sont désignées, appartenantes à ladite abbaye, à cause de la Baronnie du Hauzey, assise en partie dans la paroisse de Boscguerard, à la charge, entre autres choses, par les bailleurs de garantir les preneurs de tous les impôts pendant le dit tems, moyennant la somme de 30 livres de fermages par an, comme estant les preneurs leurs pauvres vassaux. »

« La qualité de cet acte est expliquée à la fin différemment de celle qui luy a esté donnée au commencement, car on dit que c'est une procuration ou un

---

(1) En réalité, le bail est du 1er juillet 1667.

certificat (1). Aussy n'est-ce point effectivement ny une procuration ny un véritable acte d'assemblée telle qu'il faut qu'elle soit pour y pouvoir passer une procuration valable, d'autant plus, à l'égard de la forme, que ce n'est point pardevant le Curé, mais pardevant les officiers de Justice ou pardevant des notaires, qu'un acte d'assemblée de Communauté se peut tenir et qu'on y peut passer les procurations ; comme il est certain, à l'égard du fond, qu'il faut que le syndic ou les consuls se trouvent dans l'assemblée, et qu'il faut que l'acte qui s'en dresse porte que ceux qui s'y trouvent composent la plus grande et saine partie de la Communauté, au lieu que dans le certificat ou acte dressé par le Curé, ce ne sont que des particuliers qui parlent et qui, quoyque qualifiez paroissiens et habitans, ne disent pas qu'ils représentent la Communauté, ny que ce soit comme la représentant qu'ils donnent pouvoir à deux d'entre eux: ce n'est, par conséquent, qu'en leurs noms particuliers qu'ils ont donné le pouvoir qui y est contenu. »

« Au fond, la condition posée à ce prétendu pouvoir que les bailleurs s'obligeront à garantir les preneurs de tous imposts sur les pièces de terre qui y sont mentionnez est une clause insolite (2) qui conduit à la connoissance du motif de cet acte que le conseil verra avoir esté projeté par de pauvres habitans afin de se mettre à l'abri d'une taxe qui estoit demandée, et, non pas pour tenir leurs propres « Communes » véritablement à ferme des Religieux auxquels elles n'appartiennent point. »

« Mais les Religieux qui n'ignoroient point le dessein de ceux qui avoient passé ce prétendu pouvoir ne voulurent point s'assujettir à la condition sous laquelle il avoit esté donné; l'on ne trouve point dans le bail passé le 1er juillet suivant, sous prétexte de ce pouvoir, que les bailleurs s'y soient obligés de garantir les preneurs de tous imposts sur les quatre pièces de terre qui y sont mentionnées. »

« C'est pourquoy ce prétendu bail

est un acte totalement nul qui ne peut point faire de préjudice aux habitans du Boscguerard :

« 1° Par le défaut de pouvoir des deux particuliers qui l'ont passé sans aucune procuration valable, ny acte légitime d'assemblée de la part de la Communauté. »

« 2° Par ce que ces deux particuliers ont même excédé le pouvoir à eux donné par quelques autres à la charge que les Bailleurs s'obligeront d'acquitter les preneurs de tous imposts, à quoy les Bailleurs n'avoient point voulu s'engager. Ce prétendu pouvoir demeureroit donc nul, car c'est un principe incontestable étably par plusieurs loys, notamment par la loy *Si Procurator....* au code *De Procuratoribus*, que le procureur, qui excède son pouvoir et ne garde point exactement *fines mandati* ne peut point préjudicier à celuy dont il le tient : *Id quod gessit nullum domino prejudicium facere potuit.* »

« En 3e lieu, par ce que tout bail pris de sa propre chose ne vient point (3) au propriétaire de disposition de droit commun, soit que le bail soit pris sciemment, soit par ignorance et inadvertance, comme il est indéfiniment décidé par la loy : *Et a quo de usucap*, au *Digeste, Conductio rei suœ non valet et per talem conductionem locator non retinet possessionem naturalem nec civilem sed perdit eam, et la Glose* sur la loy. *Si aliquam de aquirenda possessione* confirme ce principe soit que le bail soit pris *ignoranter vel scienter.* »

« C'est pourquoy ce prétendu bail estant nul de toute nullité ,il ne peut estre tiré à conséquence contre la Communauté des Habitans du Boscguerard; c'est une pièce aussy inutile que toutes les autres qui ont été cy-dessus contredites. »

« Mais, il y a plus, parce que les deux principales pièces de terre des quatre mentionnées dans ce bail ne sont point celles qui composent principalement les « Communes » du Boscguerard, car la première s'appelle la « Grande Brierre du Boscguerard » et contient 57 acres de terre, au lieu que, dans le prétendu bail de 1667, la première est nommée la « Brierre des Hautes-Terres » et ne contient que 30 acres ou environ (4). La seconde a pour véritable nom la « Brierre des Perrois » et sa contenance est de 12 acres, au lieu

---

(1) Au début du bail, l'acte émanant des habitants est qualifié de procuration, et à la fin, il est désigné sous le nom de certificat.

(2) La copie de cette sorte de délibération que nous avons en notre possession porte seulement : « à la charge par les sieurs religieux bailleurs de faire jouir les habitans preneurs paisiblement durant ledit temps, les garantir et indemniser de tous troubles et empeschements ou dommages. » Cette clause n'est d'ailleur pas reproduite dans le bail.

(3) Ne tient point lieu.

(4) Mention mise en marge du Mémoire, mais d'une autre écriture. « C'est la mesme pièce de Bruyère portant deux dénominations. »

que dans le prétendu bail de 1667, la seconde s'appelle la « Brierre de Boscherville » de la contenance de 6 à 7 acres, et les confins sont pareillement différents, ainsi qu'il a esté observé, en sorte que le prétendu bail de 1667 ne peut pas mesme estre employé aux deux principales Brierres dont il s'agit » (1)

« A l'égard des deux autres qui sont « Le Vaudry » de la continence d'une acre et demy seulement et le « Froc du Fay » de la continance de deux acres ».

« Le « Vaudry » est une pièce de terre sur laquelle passe un grand chemin, bordée d'un bout le chemin tendant à Elbeuf, des deux costés et d'autre bout M. Scott de la Mésangère. »

« Le « Froc du Fay » est une « Commune » ou « Carreau », situé au milieu du Hameau du Fay, environné de tous costés de maisons et masures qui ont toutes leurs principales portes et ouvertures sur le Froc sur lequel passent plusieurs chemins qui croisent de tous costés, et, si les Religieux en estoient envoyés en possession, il scroit impossible à tous les particuliers de sortir de leurs maisons. »

Le Mémoire des Habitants rejette ensuite comme non probante l'ordonnance rendue par M. l'intendant de Rouen le 15 avril 1679 portant « descharge de la demande formée contre les Religieux traitant du recouvrement des taxes faites tant pour les aliénations des biens ecclésiastiques que pour les usurpations du domaine du Roy. »

« C'est du veu de cette ordonnance que les Religieux prétendent tirer avantage en ce que l'on y trouve énoncé le bail et le prétendu pouvoir qui viennent d'estre contredits, et, en ce qu'il y est fait mention que cette taxe auroit esté faite sur la déclaration de quelques-uns des habitans, de la dite usurpation, déclaration que quelques autres, ouys devant l'intendant, ont dit avoir esté faite par ignorance et méprise. »

« Mais, ce n'est ni par l'énonciation de ce bail prétendu de 1667, ny par les discours contraires de quelques-uns des habitans pour et contre, ny par cette ordonnance que l'on doit juger de la propriété des « Communes du Boscguerard », car le prétendu bail de 1667 vient d'estre refuté d'une manière à ne plus mériter d'attention; des discours ou déclarations qui se contredi-

sent ne font pas plus de preuve, et l'ordonnance de descharge d'une taxe faite en vue d'une usurpation de terres, que les Religieux ne possédoient certainement pas, n'opère rien au delà de cette descharge, le Commissaire de Pairy (1) n'ayant ny compétence ni intention de décider de la propriété entre les Religieux et les habitants. L'on ne voit pas mesme par cette ordonnance que la taxe eust esté faite pour raison des terres aujourd'huy contentieuses; c'est aux titres des parties qu'il en faut revenir et par lesquels la question se doit décider; toutes les narrations des Religieux et leurs invectives contre de pauvres habitans qu'ils veulent dépouiller de leurs Communes ne seront certainement pas reçues pour raisons de décider. »

Les Religieux invoquent enfin les Gages Plèges de 1644 et 1662; les Habitants répliquent dans leur Mémoire: « Ils (les Religieux) cotent pour titres de leur part que ces deux prétendus gages-plèges, l'un de 1644 portant, dit-on, injonction au fermier du Hauzey de prendre possession des pasturages de la Baronnie, l'autre de 1562 portant une autre injonction aux habitans de représenter leurs titre avec deffense, en attendant, d'envoyer leurs bestiaux dans les dits pasturages, et enfin le prétendu bail postérieur de 1667 ».

« Mais, ces deux prétendus gages-plèges ne paroissent point, ils ne sont pas produits, et, par conséquent, les inductions qui en sont tirées qu'il n'y a point été formé d'opposition et qu'on n'a point représenté de titres s'évanouissent d'autant plus que, quand il eu paroitroit de pareils, ils ne seroient de nulle considération par ce que ces gages plèges n'auroient de relation qu'aux pasturages du manoir du Hauzey et des Hautes-Terres où les habitans n'envoient point leurs bestiaux. Au contraire, ils les envoyent dans leurs « Communes », dans lesquelles il les ont toujours envoyé avant et depuis 1644. »

« A l'égard du prétendu bail de 1667, la nullité et l'inutilité de cette pièce ont esté trop bien démontrées pour en rien répéter ny y rien ajouter; il n'a pas été assurément la suite d'un gage-plège supposé de 1667 qui ne paroit pas, et les habitans ont trop de titres antérieurs pour s'être laissé aller à rien faire au préjudice de leurs droits dans la crain-

---

te de n'en pouvoir représenter de titres valables et suffisans. »

Nous avons retracé les arguments produits par les Religieux du Bec et les objections faites par les habitants de Saint-Pierre-du-Boscguerard, nous allons maintenant relater les motifs de décision invoqués par ces derniers et les critiques de leurs adversaires.

Les Habitants, après avoir protesté contre « l'évocation faite par les Religieux aux Requêtes du Palais de Rouen afin de soustraire la décision de cette contestation au juge qui pouvoit estre le mieux instruit de la vérité du fait », présentent dans leur Mémoire leurs moyens de défense et s'efforcent de refuter les contredits des Religieux.

« Ceux-ci d'ailleurs, dit le Mémoire, n'ont point de titres comme on vient de le voir; quant aux habitans, ils ne sont point réduits aux actes dont les Religieux ont cru qu'ils devoient faire objection dans leurs écritures. »

Le Mémoire rapporte les actes et aveux des 11 mai 1524, 4 novembre 1561, 7 février et 26 avril 1580, 15 septembre 1600, 14 juillet 1606, 27 septembre 1641 et 23 juin 1650 que les Religieux ne critiquent point, à l'exception de l'aveu de Robert Duval du 14 juillet 1606. Tous ces aveux portent comme abornements: les uns « les Pastures communes », les autres « les Communes », d'autres encore « La Commune de la Paroisse de Saint-Pierre-du-Boscguerard.» Ce sont là «tous titres, anciens et au-dessus de tout soupçon, justificatifs que les habitans ont eu de tout tems véritablement des « Pastures Communes. »

A l'égard de l'Aveu de Pierre Duval, les Religieux objectent que « l'énonciation d'un confin, n'est pas une preuve et que la « Commune » qui y est énoncée peut avoir esté une « Borne » servant à plusieurs héritages particuliers.»

Les Habitants répondent: « Outre que la pièce n'est pas susceptible de ce mauvais contredit, on voit un si grand nombre d'adveux dans tous les tems qui rappellent en termes plus étendus la « Commune » ou les « Communes de la paroisse de Boscguerard » et l'on trouve mesme l'expression de « Pastures Communes » dans le bail à fieffe du 26 avril 1580. On ne peut donc s'empêcher de regarder toutes ces pièces comme un corps de preuve complette qu'il y eut de tout tems des « Pastures Communes » au Boscguerard appartenant aux Habitants. »

Si le bail de 1667 était la pièce principale de l'argumentation des Religieux,

l'Aveu de 1647 était la base de celle des Habitants.

Les Religieux demandent la nullité de cet aveu:

I. Par ce qu'il n'a point été passé dans la forme voulue par la Coutume qui veut que l'aveu soit souscrit par un mandataire des habitants, nommé dans une assemblée régulièrement tenue, signé, écrit sur parchemin et contrôlé.

II. Par ce que la redevance qui y est portée est infime et hors de proportion avec les avantages retirés par les habitants.

III Par ce qu'il a été passé dans des conditions suspectes et qui indiqueraient une sorte de collusion entre les Habitants, le Fermier de l'Abbaye et les représentants de celle-ci.

Les habitants répondent dans leur Mémoire :

« On objecte contre la forme de cet aveu que ce n'est point par les habitans en général qu'un aveu se doit rendre; que celui-cy, n'est signé d'aucun d'entre eux; qu'il n'a pas été présenté aux Religieux ny à personne de leur part; que leur fermier, qui est du nombre des avouants, leur sénéchal ou lieutenant, leur procureur d'office et leur greffier, les ont trahis; que s'ils en avoient eu connoissance, ils l'auroient blasmé dans le tems de la Coutume. »

« Mais, c'est par ce qu'on ne fait point attention qu'il n'y a pas de meilleure forme de faire un aveu que de le faire judiciairement aux Gages-Plèges par ceux qui y sont présents, et que le nombre de 43 habitants qui y ont comparu, tant pour eux que pour les autres, est plus fort qu'une nomination de syndic pour y comparoître et reconnoitre les Seigneurs; que les parties ne signent point dans les actes judiciaires; que l'aveu dont il s'agit est intitulé comme tenant de Abbé et Religieux, que c'est à eux par conséquent qu'il a esté rendu, et dans leur Justice ; qu'il n'y a personne qui ait plus de caractère pour le recevoir que le chef de leur Justice et leur procureur d'office, préposé particulièrement pour stipuler pour eux en de pareils actes; que ce n'est point un fait ny vrai, ni recevable que la trahison supposée de leur juge, de leur procureur d'office, de leur greffier et de leur fermier; que s'il n'y a point eu de blasmes formez, c'est qu'il n'y en avoit point à proposer, par ce qu'il est vray et incontestablement justifié par un grand nombre d'aveux antérieurs, et au-dessus de tous contredits, dont il a esté cy-devant parlé, que les habitans ont de tout tems eu les « Pastures communes » qu'ils ont reconnues au Gage-Plège de 1647 ».

« Les Religieux n'ont point réfleschy davantage sur les autres objections qu'ils font contre la teneur de cet aveu, pour le faire passer pour ridicule, sous prétexte tant de la modicité du cens de 3 œufs ou de 3 deniers et de l'expression ces Droits de relief et treizièmes, que de l'acte requis et donné aux habitans qu'ils entendoient jouir comme par le passé et que le Sieur Du Bosc en jouissait avec eux en commun. »

« On sait, en effet, que les cens n'ont point de proportion avec la valeur de la chose ainsy donnée, n'estant réservée qu'en signe de reconnaissance. »

« L'expression des droits de relief et treizièmes est une suite du cens; ce sont des droits dont l'exercice est seulement suspendu pendant la possession, des droits de mainmorte qui se payent aussytost que l'héritage passe en d'autres mains, et, quelque fois mesme, quand ils donnent « homme vivant et mourant » au lieu de l'indemnité. »

« Enfin, rien n'est plus naturel qu'une déclaration relative, dans ces sortes d'actes, à la jouissance passée et conjointe avec d'autres personnes qui ont le mesme droit. »

« En sorte qu'il n'y a rien dans la substance non plus que dans la forme de cet aveu qui lui oste ou puisse affaiblir la force d'un titre réciproquement obligatoire, tel qu'il est par sa nature, contre les Religieux comme Seigneurs directs et les habitans comme propriétaires.

« Au surplus, la confession faite par ces Religieux qu'en 1648 et dans les années suivantes les Gages-Plèges en ont fait mention confirme la vérité de la proposition, sans qu'elle souffre d'altération par l'objection contraire qu'il n'en est point fait mention dans les Gages Plèges antérieurs; car, outre que les Religieux ne justifient point de ce fait antérieur présumé, ce fait serait très inutile, d'autant plus que ce ne seroit que par une obmission, couverte par l'aveu de 1647 soutenu des aveux antérieurs en grand nombre et justificatifs qu'il y a eu de tout tems des « Communes » appartenant aux habitans du Boscguerard. »

« Ces habitans se trouvent mesme depuis confirmez dans leur propriété par le Roy d'une manière incontestable. »

« Il est, en effet, justifié qu'il furent assignés le 26 mars 1667 par devant le Commissaire de Pairy dans la Province pour fournir la déclaration des « Communes » à eux appartenantes, à l'effet d'une taxe lors projetée sur tous les habitans qui avoient des « Communes » et il firent leur déclaration le 2 avril. »

« Les Religieux objectent que cette déclaration n'est point représentée et qu'elle ne peut contenir qu'il appartenoit des « Communes » aux habitans puisque, quelques mois après, ceux-ci ont pris à bail des Religieux les Pastures en question. Ils objectent encore que les habitans ayant faussement déclaré que les Pastures avoient esté usurpées par les Religieux, ces mesmes Religieux ont obtenu la descharge de la taxe qui leur avoit esté imposée de ce chef. »

« Mais, ces objections ne valent rien, par les observations déjà faites, que ce n'estoit que pour se mettre à l'abri de cette taxe que quelques habitans avoient simulé le bail du mois de juillet suivant, et, que ce n'est que par la suite du mesme projet que quelques autres des Habitans ont autrement parlé pour procurer aux Religieux la descharge par eux demandée; ce qui n'opère rien contre la vérité, ny contre le droit des Habitans, d'autant plus que, par une déclaration postérieure du mois d'octobre de la mesme année 1667, les Habitans ont esté restablis dans la propriété de leurs « Communes », nonobstant tous contrats, transactions, arrêts et autres actes contraires; à quoy les Religieux n'ont pu imaginer ny faire de response; d'autant plus encore qu'ils (les Habitants) ont, dans la suite, esté obligez de payer la taxe en 1697, en conséquence d'une autre déclaration de l'année 1695, que l'on ne peut pas dire estre l'effet d'une fausse déclaration de propriété de leur part ainsy que les Religieux le supposent, puisqu'il est d'ailleurs, justifié que cette propriété appartient véritablement aux dits Habitans. »

Tels sont les arguments qui, de part et d'autre furent soumis à l'appréciation de la Chambre des Requêtes du Palais de Rouen et plus tard, à celle du Grand Conseil du Roy.

Devant cette dernière juridiction, ils furent complétés par les parties adverses et le Mémoire des Habitants de Saint-Pierre-du-Boscguerard va encore nous fournir sur différents points de précieux renseignements.

« Après avoir connu qu'ils ne pouvoient point soutenir aux Requêtes du Palais de Rouen leur mauvaise prétention, les Religieux, dit le Mémoire, se sont prévalu de la Déclaration du Roy du mois de juillet 1702, en payant la taxe, pour avoir un prétexte d'évoquer au Conseil, et changer, par ce moyen de tribunal; car le prétendu bail de 1667, qu'ils ont voulu regarder comme une aliénation de leur Abbaye, n'ayant esté fait que pour 36 années qui estoient expirées en 1703, il n'auraient pas eu besoin de payer de taxe pour prétendre à la propriété des Pastures en question si elles leur appartenoient véritablement; ils n'auroient eu qu'à s'en mettre en possession, ce qu'ils n'ont point fait, ny pu faire, d'autant qu'elles ne leur appartenoient certainement point. »

« Dans l'exposé de leur Requeste, ils font un récit inutile tant du fait suffisamment expliqué aux Requestes du Palais que de leur procédé et de leur procédure pour venir au conseil; cela ne servant qu'à faire mieux sentir la défiance dans laquelle ils estoient de leurs prétentions devant les Juges de la Province. »

« Au fond, ils ne font que répéter ce qui a esté allégué par eux aux Requêtes du Palais tant de leurs possessions supposées et du prétendu bail de 1667 que contre l'aveu de 1647, ajoutant seulement que cet aveu n'est rapporté que par copie, qu'il n'a point esté suivi d'aucun payement et qu'il n'a jamais esté fait de fleffe des pasturages en question. »

« Mais, en employant les contredits et les réponses déjà faites à tout ce qu'ils ont produit et avancé aux Requestes du Palais, l'on ajoutera seulement, au contraire, que, outre que les Religieux n'ont ny titres de propriété ny actes possessoires, et que les Habitans ont rapporté des aveux, en grand nombre, de plusieurs siècles antérieurs à celuy qu'ils ont eux-même rendu en 1647, par lesquels, il est justifié qu'ils ont eu de tout tems des « Communes », celuy de 1647 suffiroit, ayant esté reçu dans la Justice des Religieux sans avoir esté blasmé dans le tems de la Coutume; que cet aveu, dont ils ont convenu dans l'instance principale, ne peut point estre contredit dans l'instance évoquée, d'autant plus qu'il est dans les Gages-Plèges des Religieux de la mesme année 1647; que les Habitans ont fait de mesme la preuve du payement de la redevance censive dans leurs papiers de receptes; qu'il n'y a point de fieffe à représenter pour des héritages tenus à cens et qu'une possession de plus de 200 ans, justifiée par écrit, vaut tous les titres les plus précis et est le titre le plus incontestable, tant des dispositions de droit commun qu'aux termes de la loy municipale de la Coustume de Normandie ».

« Les Religieux produisent une ampliation de la déclaration de 1702; il n'y a lieu de s'y arrêter que sur un seul point. La quittance des droits ne parle que de 43 acres de Brierres aux Hautes Terres en trois pièces, ce qui n'a point de rapport avec les « Communes » dont s'agit. C'est à eux à aller aux Hautes Terres chercher leurs 43 acres de Brierre mentionnées dans cette quittance, encore inutile, pour cette raison, à la décision du procès ! »

L'arrêt du Grand Conseil du Roy fut rendu le 30 avril 1706. Il ne renferme aucuns motifs et se borne à rappeler les actes invoqués par les parties et les pièces de procédure. Son dispositif est ainsi conçu :

« Iceluy Notre dit Grand Conseil ;

« Faisant droit sur l'instance;

« Sans s'arrêter aux lettres de restitution obtenues contre les actes des 27 juin et 1er juiller 1667 et aux Requestes et demandes desdits Habitans du Boscguerard, dont ils sont deboutez. »

« A condamné et condamne lesdits Habitans à se désister et départir des quatre pièces de Bruyères, dont il est question, mentionnées dans le bail qui leur en a esté fait le dit jour 1er juillet 1667, pour estre lesdites pièces de bruyères et demeurer réunies à perpétuité au domaine de ladite abbaye du Bec-Hellouin. »

« A condamné et condamne pareillement lesdits Habitants de payer auxdits Religieux huit années de la redevance portée par le bail à raison de 30 livres par an; lesdites huit années échues au jour de Pâques 1697, ensemble les arrérages de la redevance échus depuis ledit jour et qui écherront à l'avenir jusqu'à l'actuel désistement qui sera fait par lesdits habitants desdites quatre pièces de bruyère. »

« Ce faisant, a ordonné et ordonne que le Livre ou Registre tenu aux Gages-Plèges de la Baronnie du Hauzey, commencé en l'année 1658, produit au procès par lesdits Habitans, sera par eux rendu et restitué auxdits Religieux. »

« Et sur le surplus des demandes et requestes des parties les a mises hors de cause et de procès. »

« A condamné et condamne lesdits Habitans du Boscguerard aux dépens. »

« Sy donnons, en mandement au premier des huissiers de nostre dit Conseil, en ce qui est exécutoire en nostre dit Conseil et suites, et hors d'icelui au premier nostre huissier, ou autre nostre huissier ou sergent, sur ce requis, qu'à la Requête desdits Religieux, Prieur et Couvent de l'abbaye du Bec Hellouin,

le présent arrest il mette à dûe et entière exécution selon sa forme et teneur
nonobstant opposition ou appellation
quelconques, pour lesquelles, et sans
préjudice d'icelle, ne sera différé ; en
outre, faire pour l'entière exécution des
présentes tous exploits et autres actes
de justice requis et nécessaires. De ce
faire ci-donnons pouvoir, sans pour ce
demander *placet ny pareatis*, nonobstant Clameur de Haro, Charte Norman-
de et Lettres à ce contraire. »

Donné en notre dit Conseil, à Paris,
le 30° jour d'aoust, l'an de grâce 1706
et de nostre règne le 74°. »

Cet arrêt fut signifié aux Habitants
de Saint-Pierre-du-Boscguerard, à la requête des Religieux du Bec-Hellouin,
représentés par Dom Claude Reimbault,
prêtre, l'un d'eux, par exploit de
Alexandre Filoque, huissier à Bosc-Ro-
bert, le 13 janvier 1707 et des saisies
furent pratiquées sur les biens de divers habitants de la Paroisse.

« Pour éviter les suites des diligences
commencées à la requête des Religieux,
Prieur et Couvent de l'abbaye Royale
de Notre-Dame du Bec-Hellouin à l'en-
contre des Paroissiens et Habitants de
la Paroisse de Saint-Pierre-du-Boscguerard pour les obliger au payement de
la somme de 540 livres pour plusieurs
années des fermages stipulés au bail de
1667, et aux dépends s'élevant, suivant
l'ordre de Messieurs les Seigneurs du
Grand Conseil à 1.000 livres, quatre Habitants de Saint-Pierre-du-Boscguerard,
Pierre Aubert, Robert Tassel, Pierre
Prévost et Guilaume Le Bailly se rendirent au Bec-Hellouin et sollicitèrent
des Religieux une remise sur les dépens et un délai pour s'acquitter des
fermages et de ce qu'ils resteraient de-
voir sur les frais. Un accord fut conclu
et réalisé suivant acte reçu le 7 novembre 1707 par M° Charles Porée, notaire
royal, apostolique, héréditaire au diocèse de Rouen, résidant à Saint-Martin-
du-Parc. »

Les Religieux fixèrent à 540 livres le
chiffre des fermages dus et réduisirent
les dépens à 660 livres, soit ensemble
1200 livres, faisant remise du surplus.
Cette somme de 1200 livres fut stipulée
payable : 200 livres à Noël 1707 et le
surplus en quatre années, à raison de
250 livres l'an, à compter de Noël 1708.
Les Habitants devaient, en outre, payer
« les frais de saisie et autres diligences
contre eux faites ». Il fut convenu que
les quatre paroissiens qui prenaient
l'engagement que nous venons de rappeler auraient tous recours contre les
autres Habitants de la Paroisse « dont
il feroient arrêter tels rôles et mémoi-

res qu'ils aviseroient bien et qu'en cas
de contestation par lesdits Habitans et
de refus de payer volontairement leurs
parts et portions des demandes en principal et dépends desdits Sieurs Religieux, la remise par eux faite vertiroit
au profit singulier des cy-dessus nom-
mez pour les indemniser de leurs peines, frais et voyages par eux faits jusqu'à ce jour et de ceux qu'il convien-
droit faire pour faire sortir et assem-
bler ladite somme; à laquelle remise,
ils se sont arrêtés pour toute indemnité
et récompense. »

En Conséquence de cet accord, les
Religieux donnèrent mainlevée des saisies pratiquées sur les biens des signa-
taires de la convention « le surplus des
saisies tenant estat jusqu'à ce que les
parties saisies aient agréé le dit acte ».

D'autre part, le Baron de la Mésangère, qui, en qualité de procureur des
Habitants, avait du faire l'avance de
différents frais s'élevant ensemble à
719 livres 12 sols 6 deniers fit taxer ces
frais par le Grand Conseil et signifia
cette taxe aux Habitants de Saint-Pierre-du-Boscguerard, le 26 décembre 1706
par Martin, Sergent Royal en la Ser-
genterie de La Londe, branche de Boissey-le-Châtel, demeurant à Berville-en-
Roumois.

Le 13 mars 1707, par le ministère
de Cacherat, huissier à Bourgtherouldc,
les Habitants reçurent commandement
de payer la somme ci-dessus avec assignation devant le Grand Conseil qui,
par deux arrêts rendus par défaut les
20 juillet et 10 octobre 1707, les condamna à payer les sommes avancées
par le Baron de La Mésangère et les
nouveaux frais et dépens.

Ces arrêts furent signifiés aux Habitants à l'issue de la messe paroissiale
le 25 mars 1708 par Martin, huissier à
Berville-en-Roumois.

Nous ignorons ce que devint la récla-
mation du Baron de La Mésangère; il
y a lieu de supposer qu'il obtint satis-
faction. Quant à l'arrêt du 30 août
1706 et à la transaction du 7 novembre
1707 la majorité des Habitants refusa
de les exécuter et continua à jouir des
Bruyères en litige, « la Bruyère des
Hautes-Terres fournissant au besoin le
plus essentiel de la Paroisse tant pour
le chauffage des pauvres du lieu que
pour le paccage et pasturage des bestiaux de tous les Habitans, et pour l'engrais des terres labourables, parce que
les terres de cette paroisse estant de
mauvais fonds qui ne produisent point
assez de fourrages pour subvenir ès
bestiaux et engrais, on serait obligé de
les laisser en friche si on ne prenoit

desdites bruières une quantité considérable dont on fait du fumier. » Quant au Vaudry, depuis plusieurs années, il était labouré par le fermier du Hauzey; le Froc du Fay servait d'accès aux propriétés riveraines.

V

Vingt huit années se passent; les Habitants de Saint-Pierre-du-Boscguerard jouissent d'une façon assez complète de ce qu'ils considèrent toujours comme leurs « Communes », ils en ont payé les droits d'usage ou nouvel acquêt notamment le 10 avril 1722 (22 livres) et le 26 juillet 1727 (85 livres 5 sols). Mais le Dimanche 9 octobre 1735, ils sont tirés de leur quiétude.

François Ballicorne, syndic de la Paroisse, François Tassel, Jean Ballicorne, Jean Auber, Charles Canu, Jacques Sénécal, Pierre Le Bailly, Guillaume Mallet, Claude Lefebvre, David Regnault, Laurent Martin, plusieurs autres hommes sont réunis près de l'Eglise, à l'issue de la Grand'Messe paroissiale, lorsque Jean Bonpain, sergent Royal à Orival, à la Requête des Religieux du Bec-Hellouin, représentés par Dom Richard Breda, prêtre, religieux, leur procureur, demande le payement des condamnations prononcées par l'arrêt de 1706, soit 540 livres pour fermages et 992 livres 4 sols 2 deniers pour frais et dépens, la convention de 1707 n'ayant pas été exécutée.

Qu'arriva-t-il après cette sommation ? Nous ne saurions le préciser. Il est probable qu'il n'y fut point donné de suite immédiate et que les Habitants, opposant la force d'inertie, continuèrent à faire paître leurs bestiaux sur les « Communes ». Le 8 janvier 1753, ils acquittèrent encore entre les mains du Receveur du Pont-Audemer, Manchon d'Estrées, la somme de 17 livres 1 sol à compte sur ce qu'ils devaient au Roy pour l'Imposition des « Usages » afférente à l'année 1753. Ils payèrent semblable somme en 1756 à la suite de l'invitation qui leur en fut faite par Mᵉ Antoine Paul Feydeau de Brou, chevalier, conseiller du Roy en ses Conseils, maître des Requêtes ordinaire de son Hôtel, Intendant de Justice, Police et Finances de la Généralité de Rouen.

Après l'alerte de 1735, près de vingt huit années se passent encore: les Habitants sont tranquilles, lorsqu'à la fin de 1762, ils apprennent que la jouissance de la « Pâture de Boscherville ou

des Perrois » a été concédée par le Receveur de l'Abbaye du Bec à deux marchands de Rouen (1).

On prend alors la résolution de s'adresser directement à l'Abbé du Bec-Hellouin et, le 16 janvier 1763, on présente à Son Altesse Sérénissime, Monseigneur le Comte de Clermont, Abbé commendataire du Bec-Hellouin, et, en cette qualité, Seigneur de la Noble Baronnie du Hauzey, en la paroisse de Saint-Pierre-du-Boscguerard, le placet suivant :

« Supplient très humblement les Vassaux de Votre dite Baronnie et les autres habitans de ladite paroisse;

« Et vous remontrent, Monseigneur, qu'ils sont extrêmement surpris de ce que les Receveurs de votre Abbaye du Bec, ayent osé employer le nom d'un Prince, aussi bon et aussi équitable que vous êtes, pour commettre la plus grande injustice à leur égard. Ils ont eu dernièrement la témérité de fieffer, en votre nom, à deux marchands de Rouen, comme un fonds de votre Abbaye, des « Communes » qui appartiennent si certainement aux supplians qu'ils en ont la propriété et la jouissance de tems immémorial, et, qu'en conséquence ils ont toujours payé au Roy les droits que Sa Majesté exige de toutes les paroisses du Royaume qui ont des « Communes ».

« Les supplians sont d'autant plus intéressés à maintenir cette possession qu'elle leur procure les secours les plus importans. »

« En effet, leurs « Communes », quoique d'un fonds si mauvais qu'elles ne peuvent estre labourées qu'au désavantage des cultivateurs, suivant l'expérience qu'on en a faite, dans l'état néanmoins où elles se trouvent, fournissent aux besoins les plus essentiels».

« Les pauvres trouvent leur chauffage dans les bruières et les joncs-marins qu'ils y recueillent; leurs vaches, dont ils ne peuvent se passer pour élever leurs misérables enfans et se nourrir eux mesmes, subsistent de l'herbe de ces « Communes ». Elles sont aussy l'unique paturage des troupeaux de la paroisse pendant la plus grande partie de l'année. Sans les bruières que les laboureurs en tirent pour faire des fumiers dont ils engraissent leurs champs, ils seraient obligés de laisser en friche les terres qu'ils cultivent mainte-

---

(1) Les pièces du procès ne donnent point les noms de ces marchands, nous pensons que ce furent MM. Godebin, propriétaires du fief des Perrois.

nant dans la relevance de votre Baronnie. »

« Enfin, il seroit facile de démontrer
que cette aliénation seroit mesme préjudiciable aux intérests de votre altesse. »

« Les Receveurs de Votre Abbaye
du Bec, loing d'entrer dans ces considérations, n'ont pas même égard à l'au-
thenticité des témoignages que tous les
anciens adveux et papiers terriers de
votre Baronnie du Hauzey rendent en
faveur des supplians. »

« Chaque héritage aboutissant · sur
leurs dites Bruières s'y trouve borné
en ces termes : « Borné de bout et de
costé les « Communes de la Paroisse »,
en d'autres articles « les Bruières et
Pastures de Saint-Pierre-du-Bosguerard ».

« Ces dénominations ainsy avouées
et même données de tout tems par les
feudistes de Votre Abbaye du Bec suf-
fisent seules pour manifester tout à la
fois et la légitimité de la possession
de vos vassaux et l'injustice de ceux
qui voudroient la leur contester ».

« Aussy, les Supplians, quoique éton-
nés d'un procédé si étrange, ne sont
ils par allarmés, parce que, étant per-
suadés que c'est à l'insu et contre le
gré de Votre Altesse, que, sous prétexte
d'étendre les fonds de Votre Abbaye,
on usurpe ainsi le bien de vos vassaux;
ils espèrent qu'il leur suffira de vous
avoir remontré cette injustice pour la
voir aussitot réprimée, sans être con-
traints de recourir à un autre tribunal ».

« C'est dans cette confiance qu'ils ré-
clament votre autorité, et, à ce qu'il
plaise à Votre Altesse Sérénissime,
Monseigneur, ordonner aux Receveurs
de votre Abbaye du Bec de se désister
de leurs prétentions sur les « Communes » de la Paroisse de Saint-Pierre-du-
Boscguerard, et, leur défendre d'y exer-
cer aucun acte de propriété par eux-
mêmes ou par ceux avec lesquels ils
auroient déjà contracté ».

« Et les Supplians ne cesseront d'a-
dresser leurs prières au Seigneur pour
la conservation et la prospérité de Votre Altesse Sérénissime ».

Au bas de la minute de cette supplique on lit : « Ce placet a été sans
réponse ».

En effet, les Habitants de Saint-Pierre-du-Boscguerard n'obtinrent aucune
solution favorable; il est vrai que Louis
de Bourbon-Condé, comte de Clermont,
abbé du Bec, de Saint-Claude, de Mar-
moutier et de Saint-Germain-des-Prés,
s'occupait alors de toute autre chose
que des Abbayes dont il était commendataire (1).

Le 8 février 1763, les Habitants apprirent que des personnes étrangères
à la paroisse se livraient à des travaux
sur la Bruyère de Boscherville; Pierre,
Jacques, Salomon Ballicorne, François
Lepic, Philippe Grémond et Pierre-Jac-
que Sénécal, marchands et laboureurs,
propriétaires en la paroisse, agissant
tant en leur nom qu'au nom des autres
Habitants et propriétaires, se rendirent alors chez Henry Eustache Le Michel, huissier à Bourgtheroulde, et lui
demandèrent de venir constater les
faits.

L'Huissier se transporta « en la paroisse de Saint-Pierre-du-Boscguerard,
sur une espèce de Bruyère ou Pâture,
nommées vulgairement la Bruyère de
Boscherville, néanmoins constamment
située sur la paroisse de St-Pierre-du-
Boscguerard, et faisant partie des Communes et Pastures de ladite Paroisse,
de laquelle, comme des autres, tous
les dits habitants, propriétaires et possé-
dants fonds, jouissent et ont paisible
possession depuis un temps immémorial, à l'effet de faire défense en Clameur de Haro à trois particuliers tra-
vaillant à enclore de fossés ladite Bruyère et Commune, ce paraissant être à
dessein de retirer la liberté à tout ou
partie des Habitants de la dite Paroisse,
ce qui a surpris et surprend lesdits
sieurs Requérants et autres Habitants,
ne connaissant ni le sujet, ni les au-
theurs de cette entreprise. »

Le Procès-Verbal constate que « Cette Bruyère et Commune contenant environ douze acres est bornée : d'un côté, M. le Comte de Roys, Seigneur de la
Mésangère, et le Sieur Blanchemin,
bourgeois de Rouen, chacun en partie,
d'autre côté le dit Seigneur de la Mésangère et d'autre bout le chemin tendant à Elbeuf et les terres de la Ferme
du Hauzey, chacun en partie, » et que
les trois ouvriers occupés à faire un
fossé pour enclore cette Bruyère se
nommaient Anthoine Tholmé, Pierre
Allain et Anthoine Tholmé, fils demeurant tous trois à Marcouville.

L'Huissier leur ayant demandé qui
leur avait commandé ces travaux, ils
répondirent qu'ils les effectuaient pour
le compte de M. Cellier (2), receveur de
Son Altesse Sérénissime Monseigneur

---

(1) Voy. Chanoine Porée. Hist. de l'Abbaye
du Bec T. II. p. 483 et suiv.
(2) M° Cellier, Avocat au Parlement. Voy.
Almanach Royal, année 1761, p. 262.

le Comte de Clermont, abbé commandataire de l'Abbaye Royale de Notre-Dame du Bec-Hellouin, et suivant les ordres de Son Altesse.

En présence de cette réponse, l'Huissier interjeta immédiatement Clameur de Haro et fit défense aux ouvriers de continuer les travaux avant qu'il ait été statué par justice sur les droits des Habitants; et, les ouvriers s'étant retirés, il constata que le long du chemin ou sente tendant de Boscherville à la Ferme du Hauzey et au Neubourg, le fossé avait alors trois perches de long et cinq pieds de large (1).

Le 20 février 1763, à la Requête de Pierre - Jacques - Salomon Ballicorne, François Lepic, Philippe Grémont et Pierre - Jacques Sénécal, agissant tant pour eux que pour les autres Habitants de Saint-Pierre-du-Boscguerard Louis Dominique Levavasseur, sergent royal au Bourgtheroulde signifia aux « Habitants en général de la Paroisse de Boscherville, trouvés en était de commun, sortis et sortant de l'Eglise et Messe paroissiale de la dite paroisse, les présents chargés de le faire savoir aux absents », que les habitants de St-Pierre - du - Boscguerard entendaient qu'aucune personne des paroisses limitrophes ne fit paître des bestiaux ni n'enlevât aucunes bruyères ni aucuns joncs marins ur les Communes appartenant à leur paroisse et notamment sur la Bruyère de Boscherville.

Les Habitants de Saint-Pierre-du-Boscguerard rédigèrent alors sur les évènements qui venaient de se passer un Mémoire qu'ils adressèrent au Conseil de l'abbé du Bec-Hellouin.

Ils ne reçurent aucune réponse, ou plutôt, le 20 décembre 1763, Mollet, huissier à cheval au Chatelet de Paris, résidant à Saint-Georges-du-Theil (2), leur signifia, en la personne de Thomas Osmont, leur syndic, à la requête de M⁰ Louis-Ferdinand Cellier, avocat au Parlement, Receveur Général de l'Abbaye du Bec, un arrêt du Grand Conseil du 30 septembre 1763, rendu sur la demande de S. A. S. Monseigneur le Comte de Clermont, abbé du Bec-Hellouin, ordonnant par provision l'exécution de l'arrêt du Grand Conseil du 30 août 1706 et disant que l'Abbaye du Bec continuera de jouir des quatre pièces de Bruyère et qu'elle pourra y faire exécuter les fossés et autres ouvrages qu'elle jugera à propos.

L'Exploit contenait, en outre, assignation devant le Grand Conseil.

Après la signification de cet arrêt, les Habitants de Saint-Pierre-du-Boscguerard, avant d'entamer une action judiciaire, sollicitèrent l'avis de M⁰ Hermand de Cléry avocat aux Conseils du Roy auquel ils communiquèrent les pièces du dossier.

Il leur fut répondu le 9 février 1764 :

Que leur prétention n'était pas fondée si elle n'était pas appuyée sur d'autres titres que ceux communiqués ;

Que le Droit d'usage payé par eux ne pouvait leur former titre, soit parce que ce payement était étranger aux Religieux, soit par ce qu'il ne faisait que leur supposer un simple droit d'usufruit.

Qu'au contraire les Religieux paraissaient avoir en leur faveur des titres qui emportaient force de chose jugée et ne pouvaient point être contrebalancés par l'induction tirée de ce que dans différents actes ils avaient donné pour confins aux terres par eux fieffées « la Pature du Boscguerard » ;

Que, bien que les terres dont il s'agissait aient toujours été jusqu'alors en nature de Pâture, il n'en résulterait point qu'elles appartinssent aux habitants ;

Que les propriétaires avaient pu les laisser dans cet état tant qu'ils avaient voulu, sans pour cela perdre leurs droits.

L'avocat consulté ne pensait pas, non plus, que les habitants fussent fondés à réclamer une partie de ces terres sous prétexte que, dans les baux à fieffe qui en avaient été faits, la mesure ou quantité qui leur avait été assignée fut beaucoup moins grande que celle réelle dès que les confins qui y étaient relatés comprenaient la totalité de la pièce.

« Par respect pour son Altesse Serenissime », les habitants de St-Pierre-du-Boscguerard résolurent d'abandonner les voies judiciaires, dont ils redoutaient sans doute les conséquences, et, le 15 mars 1764, par exploit de Deshayes, huissier au Présidial d'Evreux, ils firent signifier et déclarer au Receveur de l'Abbaye du Bec qu'ils n'entendaient point suivre sur l'assignation à eux donnée le 20 décembre 1763, et, vers la même époque, adressèrent une nouvelle supplique au Comte de Clermont.

Bien que cette supplique relate des faits déjà connus, elle n'est pas sans intérêt, en voici le texte :

« A son Altesse Sérenissime »,
« Monseigneur le Comte de Clermont, abbé commendataire de l'Abbaye royale

<hr>

(1) La perche de St-Pierre-du-Boscguerard avait une longueur de 21 pieds.
(2) Aujourd'hui Le Gros-Theil.

du Bec-Hellouin et, en cette qualité, Seigneur de la Noble Baronnie du Hauzey, en la paroisse de Saint-Pierre-du-Boscguerard. »

« Supplient très humblement les vassaux de votre dite Baronnie »,

« Et vous remontrent que, croyant de bonne foy estre en possession de plusieurs pièces de bruières à titre de communes et pastures de la dite Paroisse, ils avaient étrangement esté surpris d'apprendre qu'au commencement de l'année dernière M° Cellier, Receveur de votre abbaye du Bec, en aurait, à leur insu, fieffé dix acres à deux marchands de Rouen : en conséquence, les Suppliants adressèrent à votre Altesse Sérénissime leur *placet* tendant à réprimer cette entreprise, en considération des raisons qu'ils exposèrent pour établir leur usage et de l'extrême misère à laquelle cette aliénation réduirait la dite paroisse, au préjudice mesme des droits de votre Altesse. »

« Peu de temps après cette requeste, les deux marchands susdits firent commencer des fossés autour de leur nouvelle acquisition. Les Suppliants, ne pouvant alors souffrir aucun acte de propriété sur ce terrain avant d'apprendre la réponse à leur *placet*, et d'un austre costé, ne voulant aucunement déroger à la promesse de ne s'en rapporter sur cette affaire qu'au jugement de votre équité, et, de n'avoir recours à aucun autre tribunal, prirent provisoirement le party de s'opposer à la construction des dits fossés par Clameur de Haro, sans aucune assignation, dans l'espérance que l'acquiescement à cette opposition donnerait le tems d'attendre ou votre décision, ou des éclaircissements de la part de M° Cellier ; car on estoit fermement résolu, comme on l'est encore aujourd'hui, de se conformer à l'intention de votre Altesse et de s'en faire une loy. »

« L'opposition fut suivie de l'acquiescement qu'on esperoit. Après quoy, les Suppliants ont attendu, de jour en jour, une réponse à leur *placet*, se persuadant n'y avoir aucunement dérogé par une simple opposition. »

« Mais, la seconde des Festes de Noël, le syndic de la dite paroisse annonça qu'on lui avoit signifié copie d'un arrest du Grand Conseil du 30 septembre dernier, rendu sur requeste présentée par son Altesse aux fins de procéder sur l'opposition des Suppliants, qui ordonne, par prévision, l'exécution d'un arrest rendu audit Grand Conseil, le 30 août 1706, entre

MM. les Religieux, Prieur et Couvent de l'Abbaye du Bec et les habitans de la Paroisse de Saint-Pierre-du-Boscguerard, condamnant les dits habitans à se désister et départir des quatre pièces de bruières dont il est question, pour estre les dites bruières et demeurer réunies à perpétuité au domaine de l'Abbaye du Bec-Hellouin, et défense de procéder ailleurs qu'au Grand Conseil, sous peine de nullité et 1.500 livres d'amende, avec assignation donnée aux dits habitans de comparoître, au délay de l'ordonnance, au Grand Conseil. »

« Les Suppliants apprirent cette procédure avec d'autant plus d'étonnement et de douleur qu'ils y apercevoient avoir esté traduits au Grand Conseil comme des sujets rebelles à l'autorité d'un arrest de ce Souverain Tribunal, et comme des vassaux processifs qui osent troubler leur Seigneur dans la jouissance de ses domaines. »

« Loin d'avoir jamais eu de tels sentiments, respectueusement très soumis à l'autorité du Grand Conseil, ils se seraient bien gardés de se dire propriétaires d'un terrain dont il les avoit condamnés à se désister et départir, s'ils avoient eu la moindre connoissance de son arrest, et, au lieu de procéder contre Son Altesse il l'auroient, au contraire, supplié d'estre seule le juge et l'arbitre de la prétention qu'avait occasionné chez eux l'ignorance dudit arrest et la possession dans laquelle ils se croyoient de bonne foy. »

« Leur opposition en Clameur de Haro n'estoit, dans leurs vues qu'un moyen, dont les Suppliants crurent ne pouvoir se dispenser, pour empescher qu'on ne disposât du fonds qu'ils réclamoient avant que Son Altesse en eut décidé; aussy n'y est-il mention d'aucune assignation ».

« La requeste présentée au Grand Conseil suppose la Paroisse instruite de l'arrest de 1706 qui la déboute de ses prétentions. Cette supposition ne peut estre fondée que sur la signification qui a dû lui en estre faite ; car, d'ailleurs, la conduite que la Paroisse, les fermiers de la Baronnie du Hauzey, les feudistes et mesme les Receveurs de votre Abbaye du Bec paroissent avoir tenue à cet égard prouve, ou qu'on ignoroit cet arrest ou que MM. les Abbés et Religieux du Bec ne vouloient point le mettre à exécution. » (1)

---

(1) Nous avons vu plus haut que l'arrêt avait été signifié à plusieurs reprises; les copies authentiques des exploits figurent au dossier que nous possédons.

« Obligée, comme est la paroisse, depuis plus de quatre-vingts ans, de payer les droits de nouvel acquêt dus par les Communautés laïques du Royaume, pour les usages des « Communes » dont elles jouissent, auroit-elle manqué de présenter sa requête à M. l'Intendant de Rouen pour avoir la décharge de cette imposition si elle n'avait cru avoir la jouissance de quelques « Communes » ? Il est cependant indubitable, et elle est en état de démontrer qu'elle a exactement acquitté, jusqu'à ce jour, le droit auquel elle a été taxée par le Conseil, suivant les mandements et les quittances qu'elle a en ses mains. Il est également constant que les fermiers de Votre Baronnie du Hauzey ont toujours payé avec les autres habitans leur quote part des droits d'usage cydessus. »

« Il sembleroit que M° Cellier luymême ne regarderoit point les Bruières comme réunies au domaine de votre Baronnie, puisqu'après en avoir affermé toutes les dépendances au fermier actuel, il en dispose comme si ce fermier n'y avoit aucun droit. »

« Les feudites et receveurs de l'Abbaye du Bec n'ont pas pensé différemment, puisque, depuis comme devant ledit arrest de 1706, ils ont toujours qualifié les Bruières en question tantôt de «Pastures», tantôt de «Communes», de la Paroisse, ainsy qu'on le peut prouver par les aveux qu'on a rendus pour des héritages bornés par lesdites bruyères dès 1505. »

« Après ces dénominations de « Pastures et de Communes de la Paroisse », employées dans bien des titres, l'usage qu'avoit la Paroisse des dites Bruières et les droits qu'elle en paye au Roy, il lui estoit naturel d'en revendiquer la jouissance et de porter, comme elle l'a fait, aux pieds de Votre Altesse, sa plainte sur l'enlèvement qu'on lui en fait. »

« M° Cellier, sur la communication qui lui a esté faite de cette plainte, par la remise du placet présenté à Son Altesse, ne devoit-il pas détromper la paroisse de l'erreur dans laquelle il la voyoit, par une simple communication, ou, au plus, par une signification des titres qu'il avoit à opposer, et, sans obtenir un arrest pour la contraindre d'obéir à des titres qu'il lui auroit suffi de connaître pour s'y conformer ? Vu l'inutilité de la procédure dans laquelle s'est engagé ledit M° Cellier, les Habitans supplient Son Altesse de luy défendre d'en poursuivre contre eux la condamnation aux frais. »

« Plus instruits, comme ils sont pour le présent, des droits de Son Altesse, ils renoncent à jamais la troubler dans la propriété des dites Bruières, et se bornent à réclamer la Bonté avec laquelle Son Altesse leur en continue l'usage par grâce et par commisération, vu le déplorable état où ils se trouveroient réduits s'ils en estoient privés. »

« En effet, cessent-ils d'avoir l'usage des Bruières ? Ils se trouvent dépourvus des ressources les plus essentielles à leur subsistance. »

« Les pauvres, surtout, déjà privés des aumosnes de leur Prince, par leur éloignement de son Abbaye du Bec, n'auront plus rien pour se chauffer, ny pour s'apprester les nourritures les plus nécessaires à la vie. Faute de pasturages ils ne pourront plus nourrir une vache, dont cependant ils ne peuvent se passer pour les soutenir, eux et leur enfans, au milieu de leur misère ».

« Et que deviendra la plus grande partie de la Paroisse, dont la plupart des fonds sont, de leur nature, si mauvais qu'ils ne rapporteroient pas mesme les frais de la culture si on ne les engraissoit à force de bruières converties en fumier ? Si, malgré cet engrais, on est déjà contraint d'en laisser plusieurs pièces en friche, que seroit-ce quand cette ressource manqueroit ? A peine mesme pourroit-on suffire à l'engrais qu'exigent les fonds les moins mauvais, estant obligé, faute de pasturages, de se défaire d'une partie des bestiaux. »

« Le revenu mesme de votre Baronnie du Hauzey ne pourroit manquer de diminuer par l'aliénation des Bruières, faite surtout à des étrangers; la grande quantité des terres qu'on seroit obligé d'abandonner en friche, la plupart des autres qui rapporteroient moins causeroient une grosse diminution dans la Grosse Dixme. Cette diminution de fourrage, jointe à la privation des pasturages ordinaires, mettroit le fermier de votre Baronnie dans l'impossibilité de faire des récoltes suffisantes au payement de sa ferme et l'obligeroit de demander des diminutions sur son fermage qui surpasseroient le revenu qu'on pourroit tirer des Bruières. »

« Ce sont ces considérations qui ont porté les suppliants à avancer, dans leur premier placet que cette aliénation seroit même préjudiciable aux intérêts de Son Altesse; c'est aussy, sans doute, sur ces mesmes considérations que les dites Bruières ont été abandonnées à l'usage de la Paroisse. »

« Aussy, l'intérêt de Votre Altesse et les besoins les plus essentiels de ses

Vassaux sollicitent conjointement Votre Bonté à les continuer en l'usage dans lequel vous les avez trouvées. »

« Ce considéré, Plaise à Votre Altesse Sérénissime, Monseigneur, décharger les Suppliants des frais de l'arrest du Grand Conseil du 30 septembre 1763 et leur continuer l'usage des Bruières, ou, s'il est absolument arrêté dans le Conseil de Votre Altesse qu'elles soient toutes fieffées, dans ce cas, leur en accorder la préférence sur tous autres, se flattant de la mériter en qualité de vassaux qui sont pénétrés du plus profond respect pour votre altesse et qui ne cessent de former des vœux pour sa conservation et sa prospérité. »

Ce placet eut le sort du précédent ; il n'y fut pas répondu.

D'ailleurs, dès le 10 mars 1764, les fermiers généraux de l'Abbaye du Bec, agissant au nom de Son Altesse Sérénissime, avaient obtenu du Grand Conseil un arrêt par défaut retenant la connaissance de la Cause et ordonnant le renvoi à six semaines après la signification aux défaillants.

Malgré « l'acte de soumission et de respect » des Habitants de Saint-Pierre-de-du-Boscguerard, cet arrêt leur fut signifié par exploit de Mallet, huissier à Saint-Georges-du-Theil, le 16 avril 1764, avec assignation pour voir donner acte de leur désistement et exécuter l'arrêt du 30 septembre 1763.

Le 21 mai 1764, par exploit du même huissier, les fermiers généraux de l'abbaye du Bec firent, de nouveau, signifier aux Habitants l'arrêt du Grand Conseil du 10 mars précédent et les lettres patentes du 19 avril 1739 portant évocation générale au Grand Conseil de tous les procès de la Congrégation de Saint-Maur. Par le même exploit il assignèrent, de rechef, les Habitants pour voir dire que « S. A. S. aurait acte du désistement fait par les sieurs Ballicorne, Lepic, Grémont et Sénécal, que les arrêts du 30 août 1706 et du 30 septembre 1763 seraient exécutés et S. A. S. maintenue dans la jouissance et possession des quatre pièces de Bruières. »

Les Habitants continuèrent à faire défaut et prirent le parti d'adresser à l'abbé du Bec-Hellouin cette nouvelle requête .

« A Son Altesse Sérénissime Monseigneur le Prince de Clermont. »

« Supplient humblement les Paroissiens et Habitants de la Paroisse de Saint-Pierre-du-Boscguerard. »

« Et vous remontrent que c'est moins l'affreuse misère à laquelle la majeure partie des suppliants sont réduits que celle dont ils sont encore menacés, qui les oblige de venir aux pieds de Votre Altesse Sérénissime pour la supplier de mettre un terme aux malheurs extrêmes dont ils sont accablés.

« Les suppliants ont jouy de temps immémorial de l'usage des Bruyères qui existent dans leur paroisse ; Vos Receveurs, Monseigneur, ont jugé à propos de les priver de cet usage en donnant à fieffe ces Bruyères à quelques particuliers. »

« C'est un désastre d'autant plus préjudiciable aux Suppliants qu'il tombe principalement sur les pauvres, qui, dans l'état de misère où ils sont réduits n'avoient que cette ressource pour se procurer la subsistance. Chacun de ces malheureux y trouvoit, en effet, la nourriture d'une vache, son chauffage et des matières propres à faire des fumiers, remède absolument nécessaire contre la stérilité naturelle du sol de cette paroisse qui ne fournit de fruits qu'à force d'engrais et de travaux continuels. »

« C'est donc enlever à ces indigents la seule ressource qu'ils avoient pour fournir à leurs besoins les plus indispensables, c'est les forcer à la retraite pour aller chercher des lieux plus favorables à leur existence. »

« Ce n'est pas encore là tous les fléaux dont ils sont affligés, on a fait contre eux une infinité de procédures au Grand Conseil, quoy qu'ils n'ayent cessé de déclarer à MM. les Receveurs, qu'ils n'entendent aucunement procéder contre Votre Altesse Sérénissime, mais la supplier d'être seule juge. Leur supplique du 16 janvier 1763, leur opposition juridique à MM. vos Receveurs n'ont été qu'un moyen de suspendre, jusqu'à votre décision, l'enlèvement de l'Usage qu'on leur retiroit. On a obtenu contre eux différents arrests par défaut et les Receveurs de Votre Altesse prétendent leur faire payer tous ces frais ; ce qui achèvera, sans doute, la ruine totale de cette malheureuse paroisse. »

« Seroit-il permis aux Suppliants de représenter à Votre Altesse Sérénissime qu'on ne peut travailler à la ruine des Suppliants sans préjudicier les intérêts de Votre Altesse ? Les Grosses Dixmes de cette paroisse vous appartiennent ; ces sortes de revenus sont toujours proportionnés aux récoltes des habitants ; or, ces récoltes diminueront infailliblement si on diminue le nombre des cultivateurs, si on les prive des matières propres à faire des engrais, et, si on leur ôte encore les restes de leurs facultés en leur faisant payer des frais capables de ruiner ceux qui ont le plus d'aisance. »

« Cette aisance une fois supprimée, il ne faut plus espérer de récoltes abondantes; la pauvreté ne sçait point cultiver la terre; un corps exténué par le jeûne et les mauvaises nourritures n'a point cette force et cette activité nécessaires au laboureur. La terre, à la vérité, rend avec usure ce qu'on luy donne, mais le cultivateur est obligé de faire les avances; or pour les pouvoir faire il faut estre dans l'aisance. »

« L'entreprise des Receveurs de Votre Altesse est donc contraire à vos propres intérêts, Monseigneur, puisqu'elle tend à ruiner des malheureux qui ne travaillent que pour vous faire part des fruits que leur ont procuré leurs peines et leurs fatigues. »

« Ces motifs, joints aux sentiments de justice, de compassion et de charité qui vous animent, détermineront sans doute, Votre Altesse Sérénissime, à faire cesser les maux dont les Suppliants sont accablés et arrêter ceux dont ils sont encore menacés ».

« Les Suppliants, n'osant importuner Votre Altesse Sérénissime des détails de tous les objets qui causent leur misère, ont adresé la supplique ci-jointe à Messieurs de Votre Conseil, où ils se flattent que leurs moyens seront mis dans une juste balance. Un seul mot de vos ordres, Monseigneur, la fera pencher en faveur des suppliants; c'est ce que l'état misérable, où la plupart sont réduits, leur fait espérer de votre cœur bienfaisant et compatissant, et, ce qu'ils attendent, avec le plus profond respect, pour récompenser du seul tribut qu'ils soient en état de vous présenter avec largesse ; ce sont, Monseigneur, les vœux qu'ils ne cessent de faire pour la santé et la prospérité de Votre Altesse Sérénissime. »

Le recours au Conseil de l'abbé du Bec, dont il est parlé dans la supplique, rappelle les faits que nous avons relatés et conclut ainsi :

« Les choses en cet état, les dits Habitants ont l'honneur d'exposer :

« Qu'il est de toute impossibilité qu'ils puissent se passer des « Communes » dont on veut leur oster la jouissance;

« Que le prononcé de l'Arrest (du 10 mars 1764) est sur un exposé faux, puisqu'il y est dit que S. A. S. continuera de jouir et qu'elle sera maintenue dans la jouissance desdites quatre pièces de Bruyères, tandis que ce sont les Habitans qui en jouissent paisiblement,

même avant et depuis l'arrêt du Grand Conseil du 30 avril 1706 dont on demande aujourd'hui l'exécution contre lesdits Habitans. »

« D'ailleurs, la prescription, si elle était nécessaire, serait maintenant acquise contre cet arrêt du 20 août 1706 qui paraît n'avoir jamais eu d'exécution, d'autant mieux qu'avant iceluy, et depuis, lesdits Habitans ont payé le droit de nouvel acquêt et payent encore annuellement au Receveur des Tailles du Pont-Audemer 17 livres 6 sols 6 deniers, à quoy ils sont imposés au rolle pour raison des dites Bruyères sous le titre de Droit et Taxe sur les Usages. »

« En conséquence, lesdits Habitans supplient très humblement S. A. S. de vouloir bien les confirmer dans la jouissance desdites quatre pièces de Bruyères servant de Communes à ladite paroisse et de faire cesser les poursuites exercées contre eux par ses Fermiers généraux. »

Comme la précédente, cette supplique resta sans réponse et les Habitants virent s'aggraver leur situation.

Mᵉ Cellier, receveur de l'Abbaye ne restait pas inactif; après avoir fieffé la Bruyère de Boscherville ou des Perrois, il donna à fieffe des parcelles de celle des Hautes-Terres et se proposa de fieffer également le Froc du Fay. Il s'efforça, en outre, d'interdire toutes entreprises sur le Domaine de l'Abbaye.

Le 13 février 1764, à sa Requête, Mallet, huissier à Saint-Georges-du-Theil, constatait sur la Bruyère des Hautes-Terres, « appartenant à l'Abbaye », et contenant 63 acres, la présence d'un homme « âgé d'environ 50 ans, portant un manteau bleu par dessus ses habits qui ont paru blancs, portant de costé son chapeau rabattu, de la taille d'environ cinq pieds, ayant sur sa tête un bonnet de laine blanc sous son chapeau», lequel lui déclara se nommer Jacques Morice, quoique l'huissier eut appris ailleurs qu'il se nommait Jacques Hersan. Cet homme gardait et faisait paître sur les Bruyères un troupeau de moutons « de la quantité d'environ 120, marqués au côté de la lettre B. », il déclara que ces moutons appartenaient à Pierre-Jacques-Salomon Ballicorne. L'Huissier enjoignit au berger de déguerpir, et, le 27 février, assigna le sieur Ballicorne devant la Haute Justice du Bec-Hellouin pour se voir condamner à l'amende.

Semblable procès-verbal dressé contre le sieur Ballicorne et son berger par le même huissier, le 1ᵉʳ mars 1763, fut suivi, le 5 mai, d'une nouvelle assignation devant la Haute Justice du Bec-Hellouin.

Le sieur Ballicorne fit opposition à ces deux assignations jusqu'à ce que la question relative à la propriété des Bruyères fut tranchée.

Nous avons vu quel avait été l'avis de l'avocat des Habitants de Saint-Pierre-du-Boscguerard et la décision du Grand Conseil; il ne fallait pas songer à plaider, c'était aller au devant d'un échec certain. Les Habitants cherchèrent alors à obtenir la concession, sinon de toutes les Bruyères, du moins d'une grande partie de celles-ci.

A la suite de démarches réitérées faites auprès de Mᵉ Cellier, celui-ci fit écrire en juin 1764 (1) par Mᵉ Hugresse, notaire à Saint-Nicolas-du-Bosc et feudiste de l'abbaye, à M. le Curé de Saint-Pierre-du-Bosguerard « qu'ayant promis aux Paroissiens de leur donner 15 acres de Bruyères à fieffe », il aie « la bonté de les prévenir de se rendre au plus tard le dimanche suivant après midy », chez ce notaire pour en passer acte, parce qu'autrement, il en disposeroit en faveur d'autres personnes.

Cette solution était loin de satisfaire les Habitants ; le sieur Ballicorne, leur syndic, s'étant rendu à Paris, plaida leur cause auprès de M. Lambourg, secrétaire du Conseil de S. A. S. le Comte de Clermont et obtint de celui-ci une lettre pour Mᵉ Cellier, l'engageant à se montrer bienveillant vis à vis des Habitants. Le sieur Ballicorne alla au Bec-Hellouin voir le Receveur de l'Abbaye, mais celui-ci, après la remise de la lettre de M. Lambourg « le reçut avec froideur, en lui disant qu'il était trop tard pour les Bruyères, que le reste était fieffé. »

A la suite de cette démarche infructueuse le sieur Ballicorne, qui, d'ailleurs, avait une affaire personnelle avec l'Abbaye, prit la résolution de faire parvenir un nouveau mémoire, à l'Abbé du Bec-Hellouin.

Il adressa ce mémoire à M. Veilliet, chargé, à Paris, de ses intérêts et de ceux des Habitants de Saint-Pierre-du-Boscguerard et lui écrivit le 22 juin 1764 une lettre qui nous fournit quelques détails intéressants.

Après avoir rappelé l'insuccès de son entretien avec Mᵉ Cellier, il ajoute :

« Je luy ai remis devant les yeux le tort que cette aliénation des Bruières ferait à la paroisse, surtout aux pau-

vres; il me répondit qu'il n'en était plus le maître. »

« Je vous envoie, cependant, Monsieur, un mémoire signé des Habitans, que je vous prie de lire et de présenter ensuite à MM. du Conseil de S. A. S., en l'appuyant de Votre crédit, afin d'éviter, s'il est possible, à la paroisse des frais dont on la menace de l'accabler par surcroît de la misère à laquelle elle se trouveroit réduite par la privation de ses Communes. Vous verrez, Monsieur, par la lecture de ce Mémoire, si la paroisse mérite qu'on la traite de la sorte après toutes les démarches qu'on a faites. M. le Receveur se servoit du tems qu'on sollicitait auprès de luy pour accumuler frais sur frais à la paroisse qui ne s'est attirée son indignation que pour avoir présenté à S. A. S. le Placet du 16 janvier 1763 sans le prévenir. »

« La confiance qu'il accordait aux ennemis déclarés de la paroisse, qui font naistre, de jour en jour, dans son esprit de nouvelles vexations, fut cause qu'on osa se déterminer à cette démarche dès le commencement, et, qu'on prit le party de s'adresser à S. A. S. »

« Il fit connoître à la paroisse son mécontentement lorsqu'il fut question de s'arranger avec luy, en disant qu'il ne fiefferoit au Général (2) que 40 sols par acre plus cher qu'aux autres, sous prétexte qu'en fieffant au Général, il n'y auroit point de mutation, et, par conséquent, point de treizièmes ; que tous ceux, en particulier, qui avoient signé au placet n'en auroient point. Il est vray qu'à force de solliciter auprès de luy il en avoit promis 25 acres à la Paroisse, qui se sont trouvées réduites à 15 acres, suivant la lettre écrite, en conséquence, à M. notre Curé, et qu'il aurait fallu payer 4 livres l'acre. Les Habitants n'ont pas voulu se déterminer à en prendre pour si peu, vu qu'il auroit fallu des partages qui auroient, par la suite, été cause de difficultés. »

« Je vous envoie aussy, Monsieur, un Mémoire séparé des difficultés que M. le Receveur me fait à mon particulier. Vous voyez par la lecture de mon Mémoire que je ne suis pas processif, ainsy qu'il m'a dépeint aux yeux de MM. du Conseil, puisque je n'ay fait aucune poursuite en justice sur toutes ces contestations, et, qu'au contraire j'ay fait différents voyages au Bec pour m'arranger; ce qui n'a pu être terminé,

---

(1) La lettre étant en partie déchirée, nous n'avons pu en reconstituer exactement la date.

(2) Le Général de la Paroisse ou Communauté des Habitants.

parce qu'il faut avec M. le Receveur commencer par payer et convenir de tout ce qu'il veut. »

« Je vous prie donc, Monsieur, de bien vouloir présenter ces deux Mémoires à MM. du Conseil, et, me faire savoir le jour que ces MM. tiendront leur Conseil, afin de répondre par moy-mesme s'il se rencontroit quelque difficulté. »

« Je vous prie surtout, Monsieur, de faire tout ce qui dépendra de vous pour la paroisse, et tâcher de la faire maintenir, s'il est possible, dans l'usage de ses Bruières, sinon, de lui faire accorder la préférence à tous étrangers. Si MM. du Conseil ne se portent pas à accorder à la paroisse sa demande, du moins qu'ils aient la bonté de luy éviter des frais qu'elle ne croit pas avoir mérité, et, qu'elle est hors d'état de supporter. »

« Au sujet du Froc du Fay ou du Fy, s'ils ne le maintiennent dans le mesme état, je vous prie de les engager à m'en accorder la préférence. Si, par la décision de MM. du Conseil de S. A. S., je suis obligé à fieffer cette place, je ne retirerai point l'usage aux habitans du Hameau, en le laissant dans le mesme état qu'il a toujours esté. »

« Je vous prie de me faire sçavoir s'il est possible de quelle façon MM. du Conseil auront reçu ce Mémoire... »

Le même jour M. Ballicorne adressait copie du Mémoire des Habitants à M. de Boissel (1), avec lequel il était en relations et lui écrivait ainsi qu'il avait écrit à M. Voilliet.

Il lui signalait que le Receveur de l'Abbaye du Bec lui avait dit que les Bruyères étaient fieffées ainsi que le Froc du Fay qui était devant sa porte, et lui demandait de tenter une démarche auprès des membres du Conseil qu'il pouvait connaître.

« Vous verrez par la lecture du Mémoire ,dit la lettre, que la Paroisse n'est pas si mutine, ny moy si processif, que M. le Receveur nous a dépeint aux yeux de MM. du Conseil de S. A. R. Il n'y a que le placet présenté à S. A. S. le 16 janvier 1763 qui l'a indisposé contre nous et qu'il nous promet de nous faire payer cher ! »

Du mémoire adressé à M. Veilliet, nous n'avons qu'une partie; il débute ainsi :

« Plaise à Son Altesse Sérénissime,

Monseigneur le Prince de Clermont, abbé de l'Abbaye du Bec-Hellouin, préserver les Vassaux de Sa Baronnie du Hauzey, de la misère à laquelle les fermiers généraux de Son Abbaye sont sur le point de les réduire. »

« Les Suppliants jouissaient dans la mouvance de Votre dite Baronnie, Monseigneur, de plusieurs pièces de Bruières qu'ils croyoient de bonne foy leur appartenir sous le titre de «Communes» d'autant qu'ils en ont toujours payé au Roy le droit d'usage depuis l'établissement de ce droit dans le Royaume. Les fermiers mêmes, qui tiennent à ferme tout ce qui est de la dépendance de votre Abbaye dans la dite paroisse, ayant toujours contribué, comme le reste des habitans, à ce payement, sans s'attribuer aucun droit particulier sur lesdites Bruières, ne leur laissaient pas même lieu de soupçonner que ce terrain put faire partie des domaines de la dite Abbaye. »

« Lesdits Vassaux apprirent donc, au mois de janvier 1763, que lesdits sieurs fermiers alloient transférer dans une paroisse étrangère la jouissance d'une de ces dites « Communes », appelée la Bruière de Boscherville; ils en portèrent aussitôt leur plainte aux pieds de Votre Altesse, en suppliant Sa Bonté de ne pas souffrir qu'on retirât à ses Vassaux des « Communes » dont l'usage fournissoit de tems immémorial aux plus essentiels de leurs besoins. »

« Le placet parvint à Votre Altesse le 17e de janvier 1763, et, le 8e de février suivant, les Suppliants virent trois ouvriers commencer d'entourer de fossés ladite Bruière de Boscherville. Alors, étrangement surpris de voir ainsy enlever la jouissance d'un fonds qui, dans les plus anciens titres, même de la dite abbaye, est désigné sous le nom de Pasturages de Saint-Pierre-du-Bosc-guerard, et dont on avait toujours joui à ce titre, sans qu'au préalable on leur eut signifié aucun titre contraire à leur possession, ni même annoncé à la dite paroisse la liberté de fieffer ledit fonds; plus surpris encore de ce qu'on (2) prenoit ce parti sans avoir auparavant répliqué au Placet, qui leur avoit sans doute été communiqué, les Suppliants se déterminèrent à arrêter cette prise de possession par une opposition en Clameur de Haro qui étoit la seule voie à laquelle on ne pouvoit résister. »

«Quoique les Suppliants n'ayent fait cette opposition que pour empêcher

---

(1) Dans l'Almanach Royal, année 1761, p. 177, on trouve parmi les noms des Secrétaires du Roy, celui de M. de Boissel, demeurant Cloître Saint-Ben ist.

(2) Les Receveurs de l'Abbaye.

qu'on ne les chassât, avant la décision de Votre Altesse, du terrain dont ils la suppliaient de leur conférer l'usage, et que, pour preuve qu'ils ne vouloient porter cette affaire qu'en son tribunal, ils se sont abstenus de traduire les entrepreneurs desdits fossés devant aucun juge, car, en tout Haro, ceux contre lesquels il est exercé sont toujours assignés devant quelque juge, soit qu'ils obéissent ou qu'ils résistent au Haro. Malgré cette précaution, qui annonçoit clairement que les Suppliants ne vouloient ni s'écarter du profond respect dont ils sont pénétrés envers Son Altesse, ni se départir de la confiance qu'ils lui avaient voué, les dits Sieurs Receveurs ont dépeint les dits Vassaux comme des Mutins qui osoient plaider contre Son Altesse Sérénissime ; et, sur ce faux prétexte, non contents de les chasser, comme ils font de leurs «Communes», en accablant d'amende et de frais tous les misérables qu'ils y trouvent, ou coupant de la bruière, ou y faisant paître leurs vaches, ils ont encore entrepris fieffer jusqu'à un Froc ou Carrefour de 2 acres, ou environ, qui dans le centre du plus grand de leurs hameaux, est traversé de trois chemins dus en rigueur, sur lequel aboutissent cinq rues, et sans lequel les habitans de douze maisons, dont il est entouré, n'auraient ni entrée, ni sortie, ni la liberté d'aller les uns chez les autres ».

« Après la dite opposition, les Suppliants attendoient, de jour en jour, ou une réponse favorable au Placet présenté à Votre Altesse, ou la signification du titre en vertu duquel les dits fermiers avoient fieffé la dite pièce de Bruière; et ils étoient très sincèrement résolus de s'y conformer; mais, les dits sieurs, au lieu de prendre le party si naturel, ont sourdement obtenu un arrest sur requeste pour ordonner l'exécution du titre qu'il auroit suffi de signifier, ou d'en communiquer simplement la consistance... »

Ici une lacune dans la pièce que nous avons sous les yeux et qui paraît se terminer ainsi :

« .....en tout cas de leur accorder l'usage des dites Communes aux conditions qu'il plaira à Son Altesse Sérénissime, aux volontés de laquelle ils déféreront toujours, ce dont ils se flattent d'avoir su donner des marques par leur désistement qui a anéanti leur opposition.... »

Nous n'avons pas le Mémoire rédigé par M. Ballicorne pour son compte personnel; nous savons seulement, par une note qui se trouve au dossier qu'il avait trait :

I. Au Froc du Fay, dont on prétendait détourner les chemins pour boucher sa porte et l'obliger de fieffer ce froc six fois sa valeur, disait-il;

II. Aux procès-verbaux dont il avait été l'objet pour avoir fait paître ses moutons sur les Bruyères. Procès-verbaux, qui, d'après lui, devaient être nuls : les bruyères, terres vides et vagues, n'étant pas en deffends avant le 15 mars, suivant la Coutume Générale de Normandie, et «le suppliant payant en outre les droits de Chaumage et Moutonnage. »

III. A une différence de contenance sur un pré, dit le Pré Ouyvet, qu'il tenait en location.

IV. Au fermage de deux pièces de terre enclavées dans les siennes que les Receveurs du Bec-Hellouin prétendaient appartenir à l'Abbaye et qui étaient portées aux Gages Plèges comme appartenant au Trésor de Saint-Pierre-du-Boscguerard.

Enfin, à la forme d'un aveu qui devait être rendu par M. Ballicorne.

Ni les Habitants de Saint-Pierre-du-Boscguerard, ni M. Ballicorne, qui cependant s'était rendu à Paris, devant le Conseil de l'abbé du Bec, ne purent obtenir une réponse favorable; les affaires suivirent leur cours.

Par arrêt du 19 septembre 1764, le Grand Conseil confirma l'Abbaye du Bec dans la propriété et possession des quatre Bruyères. Cet arrêt fut signifié aux Habitants le 27 novembre de la même année.

Enfin, le 31 décembre 1764, M. Veilliet écrivait à M. Ballicorne la lettre suivante qui indique la solution du litige:

« Monsieur,

«Les dépends et frais faits au Grand Conseil, à la requête de S. A. S., Mgr le Comte de Clermont contre les propriétaires et habitans de la paroisse de St-Pierre-du-Boscguerard ont été réglés à la somme de 250 livres 2 sols 1 denier, dont on demande aujourd'huy le payement. Si l'on veut empêcher qu'ils ne grossissent, il n'y a pas de temps à perdre pour acquitter cette somme, attendu que le Conseil paroit totalement prévenu contre cette paroisse. A votre égard, il n'a pas été possible de rien obtenir sur tout ce que vous avez marqué à M. de Boissel, dans les deux lettres que vous lui avez écrit. Il paroit que, depuis votre départ, on vous a peint comme un homme qui ne s'occupoit qu'à susciter ses procès et à échauffer les esprits pour en faire susciter par d'autres. On prétend aujourd'huy que vous ne vous êtes pas conduit comme on vous l'avoit prescrit, que tout ce dont vous parlez a été décidé par le Conseil que c'est votre faute si rien ne vous a été fieffé, attendu qu'on vous avoit donné dans l'origine toute préférence. Bref, M. Lherminier (1), qui vous a montré tant de bonne volonté, ne peut rien seul et n'y voit pas de remède, M. de Boissel n'a rien pu obtenir, telles sollicitations et démarches qu'il ait fait; on luy a, enfin, dit tout uniment, qu'il s'intéressoit pour un très grand Parleur en Mémoires, dont les vues étoient toutes opposées aux intérêts de S. A. S. ; que vous résitiez en vain, n'ayant aucun titre pour soutenir la moindre de vos prétentions. A mon égard, j'ay fait comme la mouche qui s'imaginait faire aller le coche; le peu que j'ay pu dire et faire n'a rien pu faire ajouter, augmenter ny diminuer à tout ce que M. de Boissel a fait pour vous dans cette occasion. Il désireroit seulement trouver toute autre chose qui put dépendre de luy afin de vous prouver qu'il avoit réellement dessein de vous obliger ; j'espère que vous lui rendrez cette justice.

« Vous trouverez dans la présente beaucoup de rien; c'est le mot qui termine votre affaire. S'il pouvoit vous servir à acquitter les 250 livres 2 sols 1 denier de frais que l'on vous demande, ce ne seroit encore que demi mal; mais on a fort dessein de les faire payer, et même, s'il est besoin, on pourra en faire le double, si vous vous faites mettre en demeure, vous en aurez trouvé le chemin.

« Au demeurant, je vous souhaite un meilleur commencement de la prochaine (année), que la présente qui nous quitte aujourd'huy.

« En toute autre occasion, si je puis vous être utile, vous me trouverez toujours. »

« Je suis bien véritablement, Monsieur, votre très humble et très obéissant serviteur. »

Après plus d'un siècle de lutte, les Habitants de Saint-Pierre-du-Boscguerard succombaient et l'Abbaye du Bec-Hellouin était confirmée dans la propriété des Bruyères et des Pasturages des Hautes Terres ou de Boscguerard, des Perrois ou de Boscherville, de l'ancien Froc du Vaudril et Froc du Fay; elle pouvait en disposer et en disposa à son gré (2).

---

(1) Dans la liste des Avocats au Parlement, l'Almanach Royal de 1761, p. 261 porte : Me Lherminier, A. B., rue St-André.

(2) Aujourd'hui (1927), la Ferme du Hauzey et la majeure partie des possessions de l'Abbaye du Bec sur St-Pierre-du-Boscguerard appartiennent à Mme la baronne d'Huart qui possède également le Francboisier; une ferme aux Hautes-Terres appartient à M. Houllier. Le Froc du Fys et le domaine du Fys sont la propriété de M. Toustain ; enfin, M. Boucher possède les Bois du Hauzey et M. Boutelet, Le Perrois.